如何培养孩子的受挫力

张淑芬 / 著

青岛出版集团 ｜ 青岛出版社

图书在版编目（ＣＩＰ）数据

如何培养孩子的受挫力 / 张淑芬著 . — 青岛 : 青
岛出版社 , 2019.3
ISBN 978-7-5552-8084-2

Ⅰ . ①如… 　Ⅱ . ①张… 　Ⅲ . ①挫折教育—儿童教育—家庭教育 　Ⅳ . ① G781

中国版本图书馆 CIP 数据核字 (2019) 第 040877 号

本书版权由天津纸言片语文化传播有限公司提供。
山东省版权局著作权合同登记 　图字：15-2019-49

本书中文繁体字版本由风向球文化事业有限公司在台湾出版，今授权天津纸言片语文化
传播有限公司在中国大陆地区出版其中文简体字平装本版本。该出版权受法律保护，未经书
面同意，任何机构与个人不得以任何形式进行复制、转载。

项目合作：锐拓传媒 copyright@rightol.com

书　　　名	如 何 培 养 孩 子 的 受 挫 力
	RUHE PEIYANG HAIZI DE SHOUCUOLI
著　　　者	张淑芬
出版发行	青岛出版社
社　　　址	青岛市海尔路 182 号（266061）
本社网址	http://www.qdpub.com
邮购电话	（0532）68068091
责任编辑	赵慧慧
装帧设计	祝玉华
照　　　排	光合时代
印　　　刷	青岛北琪精密制造有限公司
出版日期	2019 年 4 月第 1 版　　2022 年 9 月第 2 版第 5 次印刷
开　　　本	32 开（890mm×1240mm）
印　　　张	5.5
字　　　数	120 千
印　　　数	24001–29000
书　　　号	ISBN 978–7–5552–8084–2
定　　　价	42.00 元

编校印装质量、盗版监督服务电话 4006532017　　0532–68068050

受挫力，改变孩子的未来

让所有的父母了解到：培养孩子的受挫力（挫折忍受力）是一件多么重要的事。受挫力，是一种适应并克服困难的能力，可以使孩子在面对困难时越挫越勇。更令人感到欣慰的是，每个孩子天生便拥有这样的能力特质，它并非专属于某些天赋异禀的孩子。

本书综合众多有关受挫力的研究，并以实例阐明如何培养孩子面对及克服逆境的能力，深信这些内容一定能让父母在培养孩子的受挫力时，达到事半功倍的效果。专家们从临床实践中发现，许多孩子之所以迷失，是因为父母与师长们将精力浪费在纠正孩子的缺点上，却忽略了要帮孩子扩充心性资产。

其实，这种现象并不难理解。即使是教育工作者，也很难避免先入为主的偏见，所以人们才要接受"纠正缺陷"的训练，也就是先找出错误，再提出对策。这就是心理学界所谓的"缺陷模式"。

不过，这种模式并无法让我们实现所追求的终极目标——找出孩子的长处，协助孩子发挥能力，改变孩子的未来。这种模式只能做到解除症状，却无法改变长期的结果。只有培养孩子拥有受挫力，才会改变孩子的未来。

本书描述了心性坚韧的孩子的主要特征，并通过无数的家教案例，提供了许多明确的概念和策略，说明父母在培养孩子受挫力的过程中，必须具备的态度及策略，帮助孩子建立屡败屡战精神的实用概念。衷心希望这些概念、原则及方针能帮助广大读者解决育儿难题。

05

第五章

接纳孩子的本性，才能设定正面教养脚本

10 第十章
留给孩子的珍贵资产 —— 受挫力

第一章

改写负面教养脚本，才能改变孩子

上小学五年级的小宏，正在自信满满地组装一个复杂的组合玩具。一个小时后，他变得越来越焦躁，最后把手上的玩具往地上一摔，生气地去看电视。

妈妈见状，充满讽刺地说："你看，被我说中了吧！我就说你办不到的！你做事情既没有耐心又没有组织力，而且连说明书都不看，怎么可能成功呢？"

其实，妈妈对于自己的教导方式和态度感到十分愧疚。她知道在那个当下，儿子需要的是协助、引导和鼓励，不是批评。她不但没引导孩子解决问题，培养他克服逆境的能力，还影响了他将来面对挑战时的信心。

当被问到对孩子最大的期望是什么时，绝大多数父母的答案是健康、快乐、成绩好、受欢迎。不过，一旦审视自己的教养目标时，他们也同时会发现：孩子若想达成这些目标，就必须仰赖能够妥善处理日常各种挑战的内在力量。这种适应与自觉克服挑战的能力，就是所谓的"受挫力"。

心理学家们曾针对在生活中遭遇不同逆境的孩子进行研究，结果证明：受挫力是一种非常强大的力量，强大到足以解释，为什么有些孩子即使一路跌跌撞撞，也都能够克服重重障碍，顺利进入成年期；有些孩子却因为缺乏这种力量，沦为早年经历及环境挑战的受害者。受挫力，包含了几种能力：

- 有效处理紧张与压力的能力；
- 适应日常生活中各种挑战的能力；
- 从失望与创伤的情绪中复原的能力；

● 找到明确且切合实际目标的能力；

● 解决问题的能力；

● 尊重自己及他人，且与他人自在相处的能力。

多数父母都认同孩子必须具备受挫力，同时也认识到在教育孩子时，培养孩子的逆境商数（受挫力）远比培养智商（IQ）和情商（EQ）更重要。问题是，一些父母并不知道该从何处着手培养孩子的受挫力。

一些父母会尝试许多不同的教养方式，但并不确定到底要怎么做才是正确的，也不知道做了之后是否能很快见到效果。一部分的父母认为，外在世界就是答案，于是坚持改变周遭的世界，但又觉得要与整个大体制和瞬息万变的社会冲撞，实在力不从心。

没有哪个孩子不受环境影响，也没有哪个孩子不会遭遇挫折与逆境。因此，如果要培养越挫越勇的孩子，父母就不该花费所有精力改变周遭世界，而应该从改变亲子相处的方式着手。

多数父母都知道，当孩子面对挫折、逆境时，若能适时提供协助，会让孩子因此更有自信克服困境。但是，有些父母并不这样认为，他们总是陷入自我安慰的迷思中，并且坚信：孩子终将"顺利长大"，不可能会碰到重大压力或困境。

某天，上小学三年级的小亚放学回家后，哭丧着脸向妈妈抱怨在学校发生的事情。她说同学都不和她玩，而且还叫她滚远一点。她难过地问妈妈该怎么办。

妈妈知道，培养孩子自行解决问题的能力很重要，而且必须从小就开始引导她学习这种能力。但是，看到女儿委屈又焦虑的模样，妈妈并没有和女儿讨论各种可能的解决方式，反而说："下次那些同学再这样对你，你就告诉他们，你一点也不稀罕和他们玩。"

　　妈妈的这种解决问题的态度，或许抚慰了孩子受伤的心灵，却剥夺了孩子学习与增强解决问题能力的机会。

　　受挫力是教养孩子过程中的关键要素，并不是等到孩子踏入社会后才需要学习的能力。父母有了这个信念，就能找出一套与孩子互动的指导原则，强化孩子奋发向上的能力，教导孩子认识友谊、竞赛、错误，学习与人分享，并以细腻的思考、同理心、坚定的信心和决心迎接生活中的各种挑战。

　　父母要把握和孩子互动、解决问题的机会，因为每次都是培养孩子受挫力的良机。在这些过程中，孩子会通过处理每件事或每个问题，学习到更多启示，克服逆境的种子也会因此受到激励而茁壮萌发。

　　由于每个人的内在和生活环境都存在着各种差异，因此父母在培养及塑造孩子的行为态度上，扮演了极为重要的角色。在探讨父母必须具备哪些教养的思维，才有能力发展且强化孩子的受挫力之前，必须先了解孩子的想法。

　　一个孩子必须具备哪些特质、技巧和能力，才能拥有受挫力呢？孩子乐观、自信面对未来的态度又从何而来？其实，只要能掌握孩子的思维方式，拥有宝贵的信息来源，并以此作为教养孩子克服挫折的准则，就能培养出越挫越勇的孩子。

八种思维方式，教出越挫越勇的孩子

具备受挫力且越挫越勇的孩子，与一般孩子明显的差异是，他们拥有某些特质及观察自身和世界的方法，而且能把自己的观察所得转化为有效行动。这种类型的孩子拥有一般孩子所没有的特质，这些特质包括：

- 总是对未来充满希望，且具有高度的自我价值认同；
- 为自己设定实际可行的目标；
- 学会解决问题及做决定的能力；
- 把错误和困境视为学习的良机，而非失败的象征；
- 能够勇敢面对挑战，不会逃避压力；
- 倚赖积极的适应策略让自己不断成长，而非弄巧成拙；
- 清楚自己的弱点，也知道自己的长处和天赋；
- 自我概念中都是优点及能力强的形象；
- 发展出与他人相处的技巧，能够自在且适当地向可提供协助的人求助；
- 明确知道自己所能控制的生活层面，并将注意力集中在这些层面上，不浪费精力在无能为力的事情上。

每个父母都希望自己的孩子可以发展出这些特质，都希望孩子拥有健康的情绪，具有勇于面对挑战、跌倒再站起来、越挫越勇的能力。父母该如何利用每一次与孩子互动的机会，发展出一套方法，持续不断地强化孩子的受挫力呢？

不论在任何时候，只要一提到培养孩子的挫折忍受力，几乎所有的父母都有着相同的想法，就是希望能有一套清楚又容易操作、内容涵盖重要原则及行动计划的标准训练流程。因为在为孩子筹划未来时，如果能有一套既定的操作策略，或一个明确可遵循的方向，总会令人感到比较安心。就像某位父亲所说的："如果父母能够给孩子提供一套标准操作流程，孩子或许比较容易达到终点。"

然而，培养孩子的受挫力是一个长远的复杂计划，在执行的过程中，充满了挑战、挫折、逆境，实在无法精确掌握，自然也就没有所谓的"标准流程"。所幸，在这个过程中，有一些指标足以协助父母探索且赏识每个孩子的独特性。这些指标提供了许多可应用在各种层面上的原则及概念，指点父母如何培养越挫越勇的孩子。

想要增强孩子的受挫力，使他变得越挫越勇，父母必须具备以下八种思维方式。但与此同时，父母仍需不断思考、反省、调整，以免忽略了真正重要的教养目标。

一、具备"同理孩子处境"的能力

对上小学三年级的小汉来说，完成家庭作业就有如登天那么难。小汉在幼儿园阶段便被诊断出患有阅读障碍，不过他在美术方面却极具天赋，还得过全国性的美术比赛冠军。

不幸的是，重视学习成绩的父母虽然知道儿子对学业不感兴趣，仍执着地相信，只要小汉"更努力"去做，就一定能完成作业。父母表示：只要小汉任何一科的成绩没有达到他们的期待，就罚他两个星期不准画画。

小汉的父母要他"更努力",出发点也许是好的,但小汉在听到"要更努力"这类字眼时,却未必能感受到父母的好意。正如许多的孩子,当一再听到大人说"要更努力"时,都会觉得这四个字其实是在否定他们的表现,或是对他们能力的批判或指责,结果反而更加深他们在学业上的挫败感,完全无法激起他们追求成功的渴望。

不论哪种层面的人际关系,"同理心"都是关系融洽的重要基础。在亲子关系中,同理心的简单定义是,父母能站在孩子的角度看世界,设身处地为孩子着想。但这并不表示父母应该同意孩子的任何要求或期待,而是父母应该努力欣赏并接纳孩子的观点。

虽然父母认为自己对孩子有同理心,但就长期观察结果显示,只有当孩子的表现符合父母的期待与要求时,父母才比较容易对孩子表现出同理心。当父母对孩子的表现失望,或对孩子的行为感到挫败、愤怒或厌烦时,父母的内心也会产生负面的感受。这时,即使是极有耐心的父母,对孩子感同身受的能力也会随之下降。

美莎已经十二岁了,却还是改不掉内向又怕生的个性。每次父母要她和亲友打招呼时,她的情绪就变得非常紧张。

不论是在公共场所遇到认识的大人,或是陌生人到家中拜访,她都会躲到妈妈背后。她的父母自认很了解孩子,却怎么都不明白她为何会这样。父母告诉美莎,如果她不和别人打招呼,别人也不会想要跟她做朋友或和她一起玩。为此,美莎必须费上好大的力气,才能鼓起勇气抬头看着对方,并以微弱的声音,迅速地向对方说"你好"。

美莎的父母希望美莎更外向，却忽略了她天生害羞又怕生的本性。他们不时地提醒害羞的美莎要有礼貌，这只会加深美莎的焦虑不安，也更凸显他们没有体谅美莎的心境，反而让美莎以退缩的方式来逃避内心不自在的感觉。

具备同理心的父母会考虑到：如果别人用我对待孩子的方式对待我，我会有什么感受。如果我已经尽了最大的能力去做某件事情，却仍然做不好，那么听到别人对我说"要更努力"时，我就真的能把事情做得更好吗？

面对一个生性害羞的孩子，如果父母能以感同身受的态度，对孩子说明道理再加上鼓励，就可能增强孩子的受挫力，使孩子肯定自我价值，并成功克服怕生与害羞。例如，美莎的爸爸如果能够用不带批评、责备并主动提供帮助的说辞，对女儿说："我知道一些小朋友会不好意思和别人打招呼，所以爸爸以后会帮你，这样你就不会那么害怕和别人打招呼了。"那么，美莎爸爸就是为美莎创造了一个能够提升受挫力的环境，让她觉得怕生和害羞其实是正常的现象，同时，她也因为爸爸的支持而感到比较自在且有信心。

"同理心"这种能力，可以培养吗？当然可以。父母可以通过问题的引导，诱发对孩子的同理心。例如以下这些问题：

- 我希望孩子怎么描述我？
- 孩子对我的描述跟我所希望的，距离多远？
- 我的举止是否会让孩子乐意与我谈话或与我合作？
- 我会希望别人用我对孩子说话的方式跟我说话吗？

能够克服挫折、焦虑，并能够问自己这些问题的父母，便能够对孩子发挥同理心，从孩子的立场看待事情与问题。

二、熟练且积极的聆听技巧，让沟通效果倍增

同理心可以使亲子沟通变得更轻松且效果倍增。但要达到这个目标，单靠语言是不够的，还要懂得积极聆听，了解并接纳孩子的想法，并避免造成权利冲突的对话。积极聆听的技巧包括：

- 不打断孩子说话；
- 不否定孩子的感受；
- 不把孩子逼到无话可说；
- 避免使用"总是""从来不"等人格攻击的绝对字眼（例如，"你从来都不帮忙""你总是目中无人"）。

拥有高度受挫力的孩子，在经过父母的协助与引导后，都能发展出有效沟通的能力。像前文所提到的小宏，他的妈妈总是指责他耐心不够，没办法仔细阅读说明书，根本别想成功组装玩具，这就是打击孩子受挫力的例子。

在与受挫力相关的许多行为中，沟通技术一直扮演着重要角色，它包括了人际关系技巧、同理心以及做决定的能力等。

三、掌握准则，写出正面教养脚本

大多数的父母都努力想要改掉孩子的负面行为，但却总是一再把早已被证明无效的教养方法用在孩子身上。例如，一看

到满地的玩具，父母就会忍不住对孩子唠叨，但孩子根本就没听进去。虽然如此，这些父母依然重复这种无效的沟通行为，因为他们认为，需要改变的人是孩子，而非他们自己。只不过在这样的僵持对峙中，能坚持得最久的通常是孩子。

具备挫折忍受力的父母，在面对自己的管教方法无效时，会坦然承认，然后努力改变他们的"负面教养脚本"。这些父母的负面脚本往往是来自幼时的成长经验，或者不正确的信息。

以六岁的小毕为例。

小毕又把果汁洒出来了！这个星期以来，他自己都不知道这是第几次把牛奶、果汁或开水洒出来了，害得妈妈必须经常清理他所制造的脏乱。虽然父母都是极有耐心的人，但也被小毕的这个行为搞得颇为烦躁。他们斥责小毕说："你就不能把杯子拿好吗？你不知道这样会给我们制造麻烦吗？"

小毕感到很受伤又难堪。他心想："我不是故意要把饮料洒出来的，可是有时候就是会握不稳杯子啊！"他答应爸妈不会再把果汁或牛奶洒出来。不过，才隔两天，他又把牛奶洒到地上了。

妈妈生气地拿走那杯牛奶，并说："我希望你记住，把杯子拿好了，你才有牛奶或果汁可以喝。"

如果小毕的父母对孩子具备同理心，就会认识到每个孩子都不一样，也就不会认为小毕故意把饮料洒出来，然后以拒绝让他喝饮料作为惩罚。能够同理孩子处境的父母，会针对孩子的问题或特定障碍来调整管教方法。例如，他们会改用有盖的瓶子或有吸管的水壶来装饮料，如此也省得他们要忙着清理孩子洒出来的饮料。

改变负面教养脚本，并不表示父母承认自己有错误，也不表示要放弃孩子或宠坏孩子，而是要让孩子知道，解决问题的方法有很多。更重要的是，它能帮助孩子了解：处理复杂状况时要更负责任，且更有义务向他人说清楚。

四、接受孩子的本性，才能设定正面教养脚本

每个孩子的天生气质都是独特的。有些孩子带着随和、顺从的气质来到世界；有些孩子的天生气质就是"难缠"；有些孩子生性大胆、无所畏惧；也有些孩子就是胆小、害羞、敏感且小心翼翼。

父母若是不了解或无法接受孩子的本性，便容易说或做出一些破坏亲子关系的事。一些父母协助孩子设定期待与目标时，往往会以自己的期待和目标为依据，但那些却是孩子无力达成的。

九岁的小治在一所学费昂贵的双语学校就读，但他似乎对读书这件事完全不感兴趣。不论是参与活动或课堂表现，他几乎不曾有过良好表现。

每天早上，小治似乎都处于恍惚的状态，每次只要错过校车，父母便会理所当然地开车送他上学。为了解决这个问题，妈妈每天提前三十分钟叫他起床准备上学，但这似乎起不了什么作用，反而让他有更多时间玩玩具，结果他还是错过校车。

后来，学校老师建议父母，下次小治再错过校车时，不要再送他上学，就让他因迟到而被记旷课，如此他才能从错误中

学习正确的态度。他们接受了老师的建议，对小治表明他必须自己搭校车上学。但是，结果却出乎他们的意料。他们惊讶地发现，第二天小治并没有提早起床准备上学。对于儿子这种不负责任的行为，他们感到非常生气，却也束手无策。无计可施之下，他们决定禁止小治参与他热爱的球类活动。

其实，他们一直都没有深入去了解孩子的真正问题。小治老是迟到并不是因为他不负责任，而是因为他极容易分心，动作慢。对于这个年纪的孩子来说，这种行为可以说是他的天性。

要改变孩子的负面行为，有效的方法不是对他做出处罚或怒斥，而是接纳他的行事风格，并与他一起讨论出合适的解决办法，或者与老师合作，让老师派给他一项能够让他积极参与的任务。例如安排他当卫生班长，让他提早到学校监督同学们的打扫工作。

接受并赏识孩子的本性，并不表示父母要为孩子不当的、令人无法接受的行为找借口，然后原谅孩子，而是要去了解孩子的负面行为，然后以不损害孩子自尊心的方式协助他改变。

五、帮助孩子累积成功经验

具备受挫力的孩子，在面临问题时不会退缩，并能认清且专注于自己的长处。相对的，不具备这种能力的孩子，会觉得自己的能力很差或自己是一个很糟糕的人，更因此导致他轻视或看不到自己的优点。如果父母经常在这类孩子面前抱怨，这会令孩子感到更加沮丧，也就更少得到孩子的正向回馈。

然而，父母所不了解的是，一个自我价值感低的孩子，是不容易接受父母的赞美与鼓励的。父母必须持续不断地给予孩子正向回馈，尤其必须了解，真正的自我价值、希望及受挫力是建立在某些生活领域的成功经验上，而且这些经验来自孩子所在意的领域。不过，如果要孩子体验某些领域上的成功，就得仰赖父母为孩子找出并强化他的特长。

每个孩子都拥有某些比较杰出的能力，父母要做的就是突显孩子的这些特别的能力，而不是过度强调、放大孩子的弱点。例如，某个有阅读障碍的十岁男孩，对于读书表现得极度没有自信，但却极具艺术天分，好似任何一个不起眼的东西一到了他的手里，只要随手创作一下，就会立刻变成一个极有美感的作品。父母和老师都赞赏他有化腐朽为神奇的能力，并且把他的作品陈列在学校的礼堂里公开展览。这不但增强了这个孩子的自尊心，也是肯定他长处的好方法。

六、引导孩子建立"健康"的犯错观念

高度受挫力与低度受挫力的孩子之间，最明显的差异是对"错误"的看法不同。

具备高度受挫力、越挫越勇的孩子，犯了错时，并不会觉得那是失败，反而会把它视为学习的机会；低度受挫力的孩子，则会逃避挑战，并认为自己的失败都是由别人造成的。因此，父母有必要协助孩子建立"健康"的犯错观念。

以前文中的小宏和小毕为例，小宏被妈妈指责没有能力组合玩具，而小毕则是因为把饮料泼出来而遭到妈妈处罚。这两位母亲其实都对孩子传达了"犯错很糟糕，且该受罚"的信息。

在处理孩子的错误时，父母首先要思考的应该是，孩子会

如何回答下列的问题：

　● "当父母犯错时，你会怎么办？"

　● "当你犯错或有什么事不顺利时，父母会对你说或做些什么？"

　　父母只有从孩子的立场清楚思考这两个问题，才能帮助孩子积极改正错误。不幸的是，许多父母在处理孩子的错误时，往往因为失望，而以损害孩子自信的方式回应孩子的过错。

　　如果父母想提升孩子的受挫力，就必须在言行上传达出"从错误中学习"的信念，帮助孩子克服犯错的恐惧。毕竟，恐惧犯错，是学习的障碍之一，同时也违背了越挫越勇的精神。

七、提升孩子的问题解决力与决策力

　　具备高度受挫力的孩子，不但拥有高度的自尊，个性上也比较乐观、积极。他们相信命运掌握在自己手中，认为自己才是命运的主宰。他们遇到逆境时会越挫越勇，解决问题的态度也不同于一般孩子。他们有能力厘清问题，思考不同的解决方案，分析并判断正确的解决方法，并且从结果中学习。

　　该怎么强化孩子解决问题的能力呢？重点就在于，父母要避免直接提供给孩子答案，或告诉孩子该怎么做，而要以引导的方式，让孩子自己思考可能的解决方法。

　　当然，如果孩子的年纪太小，没有足够的知识、经验与逻辑，自然没有独力思考能力，那么父母不妨通过家庭会议的方式，在会议中讨论问题，清楚说明解决方案，对发展并强化孩子的

问题解决力会有极大的帮助。

以前文中的小亚为例。她回家后哭着对妈妈抱怨说同学都拒绝和她玩，问妈妈该怎么办。妈妈出于好意，反射性地立刻提供给女儿解决问题的方法。然而，妈妈的做法其实是剥夺了女儿发展思考与问题解决力的机会。以下是另一个类似案例。

十岁的艾美与八岁的艾莉两姐妹就像仇人一样，没有一天不吵架，即使再小的事情都可以拿出来吵，包括吃饭时谁先坐上餐桌、谁多吃了一块饼干、出游时谁拍的照片比较多、出门时谁坐前座、要看哪一部卡通影片等。

每次妹妹因为吵架而哭闹时，受到处罚的总是艾美。爸妈还经常叮嘱艾美，说她是姐姐，应该要懂得照顾、礼让妹妹，还警告她，如果再弄哭妹妹就要受罚。这使得艾美越来越讨厌妹妹，觉得妹妹是个麻烦，而为了不让自己受处罚，她开始和妹妹保持距离，甚至已到了零互动的程度。

只是如此一来，两个姐妹就没有机会共同找出解决冲突的办法，而父母也失去了引导孩子思考、做决定与解决问题的机会。

当看到孩子有能力想出实际有效的办法处理问题时，大多数父母会感到惊讶。其实，在父母的引导下，孩子是有能力思考出解决方法的。而当孩子自己想出解决问题的行动计划时，孩子的自主能力、自我掌控力及受挫力，都会因此而增长。

八、培养孩子受挫力的管教方式

要培养孩子的受挫力，父母必须了解，在自己所扮演的众多角色中，最重要的角色是"做一个确实执行纪律的人"。在各种管教孩子的方法中，纪律管教足以强化孩子的自尊心、自制力及受挫力。相反的，若父母无法扮演一个确实执行纪律的人，最后终将削弱孩子原有的自尊心、自制力及受挫力。

纪律管教的重要目标，就是创造对孩子安全且有利的环境，并培养孩子的自我控制力及自律能力。一个拥有高度受挫力与自尊心强的孩子，是不可能缺乏自律能力的。如果父母可以在家庭会议中，制定合理的家庭规则及惩罚措施，孩子一般不会觉得那些规范是一种负担。

虽然每个孩子都有其独特的天生气质，但父母才是影响孩子能否发展出受挫力的人。协助孩子发展出越挫越勇的个性并非遥不可及，以下各章将深入探讨培养孩子受挫力的八种思维方式。

第二章

具备"同理孩子处境"
的能力

同理心是指对他人的感受、思想、态度产生共鸣的能力。在亲子关系上，父母对孩子同理心的展现，则是必须做到"同理孩子处境"。

花时间了解并感受孩子的观点，这个教养方法已被证实具有事半功倍的成效，只是知难行易。为什么？因为大多数父母在看待孩子的问题时，都只注意到自己的行为与态度，却忽略了去了解孩子的观点。而且，在纠正孩子的负面行为时，大多数父母几乎都采用干预或制止的方式，极少会以同理心去感受孩子的处境。这种教养方法的效果实在很有限。

父母若是不知道该如何对孩子展现同理心，不妨想象一下和孩子交换身份的画面，体验一下孩子的生活与感受。假设你是你的子女，现在就请你以孩子的眼光来描述你一天的生活，包括早上起床、搭校车上学、考试考得很烂、与同学互动以及放学回家后坐在书桌前写作业等情景。当所有这些事情发生在你身上时，你的感受是什么？你会用什么字眼描述你的父母？

许多父母在认真体验过孩子的心情后会发现，这些问题的确让他们认真思考很久，而且所得到的启示都是他们先前不曾考虑过的。没错，父母的同理心，就是"同理孩子处境"的能力，就是培养孩子受挫力的基础。

"同理孩子处境"的能力

同理心属于"情绪商数（EQ）"众多构成元素之一，具有促进沟通、改变负面教养脚本的功能，更能促使父母以"让孩子感受到被赏识、被聆听"的方式去爱孩子。

同理心是正面教养的起点

如果父母能够发挥同理心，便能帮助孩子找出自己的优势，提升孩子的责任心，更可以促使孩子在犯错时，把错误视为重要的学习机会，而不会认为那是一种羞耻或失败。更重要的是，因为同理心，亲子关系变得和谐，孩子知道自己的声音能被听到，并学习用心倾听父母的声音。

越能观察出孩子的想法，就越容易与孩子沟通，教导孩子，甚至越爱孩子。有同理心的父母，会遵循以下问题的指引，作为提高教养水平的目标。

- 我是否以孩子能接受的方式，陈述我必须说或教的事？
- 我会希望别人用我对孩子说话的方式与我交谈吗？
- 我为孩子所安排的选择，他会认同吗？

如果孩子对父母的管教表现出视而不见、听而不闻、不耐烦，甚至出现抗争或决裂等举动，那么父母为培养孩子受挫力所做的努力，都将因此而折损。例如，在前文中所提到的害羞又怕生的美莎，就是生动的案例。美莎的父母虽然自认所做的一切都是为美莎好，但并没有遵循"我希望别人用我对孩子说话的方式与我交谈吗？"问题的指引，以致最后出现了负面结果。

父母的原意是希望美莎对熟人要做到"打招呼"的基本礼貌，而且眼神要正视对方，但却因为语气不对，又不停地叮咛、提醒，父母的耐心消失殆尽。在欠缺同理心的情况下，这种教导方式反而增加了美莎的压力，令她变得更焦虑和迟疑。

小瑞的故事是另一个父母缺乏"同理孩子处境"能力的例子。

自从小瑞读小学开始，妈妈便要求他自己整理房间。现在他已升上八年级了，但他的房间依旧凌乱不堪，逼得父母对他越来越唠叨，不断叮嘱他把脏乱的房间整理干净。失望所致，父母甚至经常对儿子翻旧账，从他那乱糟糟的房间开始数落，然后批评他选择衣服和朋友的眼光差，抱怨他经常不写家庭作业，还有他那吵死人的音响声音。长期如此，父母的"关切"令小瑞感到厌烦极了。

想要对孩子发挥同理心，父母就需要先自问："当我们还有一大堆工作要做，但家人却拿着一张写着我们的缺点与未完成工作的清单来质问，这时我们会有什么感受？"

再以上文中的小宏为例。当他费了好长时间组合玩具却失败时，听到的不是妈妈的鼓励或安慰，而是带讽刺的话。

妈妈因为失望且担心儿子散漫的态度会影响未来发展，所以感到愤怒。但身为妈妈，对孩子的态度应该是："当我在工作上遭遇困难时，我会希望别人冷嘲热讽且愤怒对待我吗？那样能够帮助我把事情做得更好吗？"如果答案是否定的，那么妈妈就应该自我调整，别再用相同的态度及评语来对待孩子。

父母懂得自我检讨，孩子才有学习的对象

俗话说，孩子不会照父母所说的话去做，而会照父母所做的去做。可见，父母就是孩子学习的对象。如果父母欠缺同理心，只看见自己所设定的目标，而不愿花片刻的时间聆听孩子的心声，当然就无法培养孩子的同理心。

某天，十三岁的茉莉抱怨说："同学们都不喜欢我，我在学校都交不到朋友。"

妈妈大声地指责说："那是因为你不知道怎么和人相处。你总是一副自以为是的样子，要别人都得听你的使唤、奉承你。"

茉莉垂头丧气又恼怒地坐在椅子上，低声地控诉说："你就只会数落我这里不对、那里不对，你从来都不听我说，好像一切都是我的错似的。"

爸爸则是责备妈妈太软弱，没有勇气与能力定下各种规矩，好让这个家庭的气氛更和谐一些。

妈妈的眼泪夺眶而出，脱口对丈夫说："你对我从来就没有一句好话，就只会在孩子面前把责任统统推给我，你实在太刻薄了。"

茉莉见状，也怒气冲冲地对爸爸说："你老是骂我对妈妈说话没有好口气，你自己还不是一样！"

听到女儿这番指控，爸爸颇为惊讶，他想要为自己辩护，但话才说到一半就停了下来，然后低声地说："我的确不应该用那种方式跟你妈说话。"

妈妈的用意其实都是为了女儿好，希望女儿好好地检讨自己，并为不受同学欢迎的状况负起责任。只是，妈妈的语气、措辞都缺乏同理心，不但违背了她的本意，还加深了亲子对立的矛盾。

假设妈妈站在女儿的角度，对别人抱怨说，同学们都不愿意和她做朋友，她过得很不快乐。而对方回复她："这一定是因为你与人交往的能力太差了，大家才会都不喜欢你。你应该好好检讨自己才对。"这时妈妈会有什么感受呢？如果妈妈能够如此反问自己这个问题，她就不会以批判或挑衅的态度回应女儿，而会先承认、体谅女儿的烦恼。由此可见，妈妈并没有发挥同理心，也没有接纳女儿的观点。

能够轻松自在地与人互动、建立友谊，并在人际关系中获得慰藉与支持，其实是构成受挫力的重要元素之一。如果父母能发挥同理心并成为孩子的榜样，便可提供给孩子发展健全人际关系的各种技能，包括正确解读社交规则、与他人进行有意义且愉悦的对话、积极聆听、鼓励并支持他人以及学习如何解决各种矛盾和冲突。

就像在茉莉的故事中所陈述的，父母在教导孩子人际关系技巧时，父母的说服力会因父母之间的互动方式受到影响。很多父母都会天真地认为，父母之间的互动方式并不会对孩子产生影响，然而实际并非如此。

"同理孩子处境"的四个阻碍

回到问题的初始：如果父母都能了解同理心是培养孩子受挫力的关键要素，那么为什么父母还是无法同理孩子的处境呢？其原因在于四个主要阻碍。以下将针对这四个阻碍加以讨论，并提出对策，让父母可以抛开过去那些徒劳无功的教导方式，同时强化父母感同身受的能力。

一、重蹈上一代的管教方式

很多父母在有了孩子后，总是认为自己绝对不会重蹈上一代的管教方式，但后来却发现教养孩子并非想象得那么容易。他们有时会自责地承认："我曾发誓，在教导孩子时绝对不会像我父母那样，说出很难听的话。我真的恨透那些话了。可是，我还是对我的孩子说了那些话。我为什么会这样呢？"

当生长在一个父母不会同理孩子处境的家庭中，不论想法、感觉、行事方式都只能听从父母的指示时，这个人与父母的沟通便会趋于单向、片面且无效，而且这个人在为人父母后，也会和自己的父母一样，较难对孩子产生并发挥同理心。

小诺的妈妈经常抱怨，说七岁的小诺真的很爱和她唱反调。她说："他就是有办法让我开骂，他就是想尽办法故意要惹我生气。"尤其当小诺和姐姐由玩闹变成吵架时，妈妈就会感到很烦躁，并大声吼骂小诺，说他不该挑起冲突。

爸爸倒不认为小诺有什么问题。爸爸想了一下后说，就他看来，小诺其实很听妈妈的话，只是他和妈妈倒是经常有争执。爸爸的言下之意是，妈妈才是导致小诺凡事都要反抗的祸首，尤其当爸妈两人对立时。

先生长期以来的态度，让太太觉得他根本不了解实情，也不认同她教导孩子的方式。某天，她生气地对先生说："如果你能够花更多时间留在家里，就会看到你那宝贝儿子都干了些什么好事，你也就不会总是站在他那一边替他说话了。"

苦思不出对策之下，妈妈转而向专家求助。在专家的要求下，她开始反省自己对小诺的反应。直到这时她才明白，她对儿子的行为真的反应过度了，而且一点也没有对儿子发挥同理心。

专家问："是什么原因让你无法同理孩子的处境？"妈妈痛

心地回答："我真的不知道。"

妈妈每天都在思考这个问题。后来，她终于明白，她之所以缺乏同理心，其实是因为自己的成长过程。小时候，每次被哥哥欺负时，她都会去向父母告状，但父母的回答永远都是："你已经不是小孩子了，要学会照顾自己，不可以一遇到问题就来向爸爸妈妈求救。"

爸妈的态度令她觉得自己被抛弃。她认为爸妈不能体会她的感受，也不重视她的话。这让她很难过。

二、生气时，就很难同理孩子的处境

当对某个人感到很厌烦或失望时，一般人都很难做到设身处地为这个人着想。就绝大多数父母的表现来看，尽管他们自认很能同理孩子的处境，不过这样的同理心通常只有在孩子的表现符合父母的期待时才会出现。

当孩子凡事符合父母的期待，准时就寝、按时起床、自动自发地完成家庭作业、学业表现优异又懂礼貌时，父母就自然地会对孩子表现出设身处地的态度。相反的，当孩子的行为完全违背父母的期望时，父母就很难做到对孩子设身处地了。

愤怒与失望，总是在不知不觉中，把同理心一点一滴地消耗殆尽，让父母不由自主地对孩子说出气话。这是因为父母的理智一旦被愤怒情绪所主宰时，父母就会变得无法正常思考，也无法谨慎选择自己的措辞。这个时候父母反而容易用行动来发泄自己的愤怒与失望情绪，而不是用行动来教导孩子。以前文里无法成功组合玩具的小宏为例，他的妈妈后来了解到，她对小宏所说的那些话，也许抒发了自己的挫败感，却打击了小

宏的自信心。

十一岁的小曼对父母说她觉得很沮丧。一个小孩子说出"沮丧"这种字眼，通常都会引起父母的担心、焦虑。

妈妈急忙说："沮丧？你为什么会沮丧呢？你什么都有，而且我们一家人相亲相爱，你没有理由沮丧啊。"

小曼听到妈妈这番话之后，重重地叹了一口气，并瘫坐在椅子上，暗自发誓再也不说话了。

妈妈害怕女儿会因情绪低落导致自残行为，所以说了那一番话。其实她那一番话的本意是想要安慰女儿及自己，她真正想要表达的意思是："事情没那么糟，未来会更好的。"而这正是一句缺乏同理心的话。

只从自己的角度看事情，这原本就是人类的天性。小曼的案例突显了每个人在设身处地时所面临的困难，特别是当父母处于愤怒和挫败的情绪中时。

三、认为"孩子就是故意要惹我生气"

如果问父母："你的孩子为什么会出现负面行为？"很多父母的第一反应可能是："他就是故意要惹我生气，好吸引我的注意。"许多父母在犯了错时，经常会把责任归咎于某些他们个人无法掌控的因素上。但是当别人犯了相同的错误时，他们往往不假思索地认定，那是由对方个人的缺点造成的。

父母似乎都很主观地认为：孩子是"不愿意"控制自己的负面行为，而不是"无法"控制。因此，一旦察觉到孩子负面行为的动机理由不足时，父母便很难对孩子的行为发挥同理心。

以上一章中所提到的小汉为例。因为患有阅读障碍，小汉在学习上原本就比一般孩子辛苦且成效低，但父母却认为他"不用功又偷懒"，还质疑他这样做是故意反抗父母所定下的规则。正因为父母以这样的态度理解小汉，所以他们经常对小汉发脾气且不断挑剔，并且再三提醒小汉要"努力一点"。

事实上，小汉已经尽力了。他的看似不努力，其实是在还没有诊断出问题根源的情况下所引起的挫败感及无力感。

五岁的小铭是另一个类似案例的主角。

最近三个月来，一到上床睡觉时间，五岁的小铭就不服从地到处跑。父母若是强迫他，他就开始嘶吼尖叫，而且经常一闹就是几个小时。但三个月之前，小铭并没有这样的问题。

对于小铭的这种行为，父母的态度是"要加强注意"。他们认为，他们尽心尽力地照顾小铭，但是小铭抗拒上床睡觉的行为让他们非常生气，经常惹得他们对小铭大吼大骂。几次下来，挫败感加上耐心全失，他们开始体罚小铭。虽然这是不得已的手段，但他们必须承认这个方法很管用。而遭受体罚后的小铭，虽然会乖乖地待在自己的床上，但通常都是哭着睡着。

只不过，体罚虽然可以强迫小铭乖乖就范，但并没有改变他抗拒的态度，相同的行为依然每晚都会发生。这使得他的父母开始怀疑，体罚是否达到他们真正期待的效果。

父母一直都把小铭的行为解读为刻意反抗与注意力不集中，而这样的观点似乎更加深了他们的愤怒。随着负面情绪的增多，同理心便下降，恶性循环因此形成。

在听了专家的建议后，父母耐心地与小铭沟通，才让小铭说出他不想上床睡觉的原因，而原因就是他做了一个"恐怖的噩梦"。当他听到父母说小孩子做噩梦是很常见的事情后，他这才放心地谈起他的噩梦。他说他梦到许多凶恶的巨人，拿着巨大的铁锤狂追他，所以他才会害怕上床睡觉。

在明白了小铭抗拒上床睡觉的原因后，父母对孩子改变了看法，变得更有同理心，体谅孩子每晚焦虑、恐惧的心情。同时，父母答应了小铭两项要求：一是在他的房间装一个小夜灯；二是睡觉的时候打开房门。

在此之后，小铭渐渐地不再为了上床睡觉而大闹脾气，家中气氛也变好了。

小铭的负面行为之所以能够获得改善，是因为父母了解与同理他的处境与感受，并愿意改变有关他爱闹脾气的看法。

四、认为同理心会宠坏孩子

有些父母会对同理心抱持犹豫的态度，并质疑地问："同理心会不会破坏我的教养方式，妨碍我对孩子设定规矩？会不会导致孩子不负责任地为所欲为？会不会宠坏了孩子呢？"

"宠坏孩子"，这是许多父母心中一致的顾虑。这种态度就有如少数育儿专家所抱持的狭隘观念一般，极力推崇片面式管教，认为孩子的感受不重要，孩子只能在大人问话时才可以发表看法。

其实，父母对孩子发挥同理心并不等于"对孩子无底线让步"，所以跟"宠坏孩子"当然没有关系，也不会影响到对孩子

"设定适当限制"。事实上,当父母以同理心去理解孩子的观点时,孩子也会从父母身上学到更多,同时更愿意接受父母所设定的限制。

父母可以同理孩子的感受,但不必同意孩子做的所有事;父母可以接纳孩子的想法和信念,但不必一定都赞同。

上小学四年级的小雅对爸妈抱怨说:"我同学的爸妈都会让他们去逛街,为什么你们就是不准我跟大家一起去?这样很不公平!"

爸妈没有生气,没有长篇大论的说教,也没有和她起争执,他们同理她的感受,并对她说:"我们知道你觉得不公平,也知道除非答应你的要求,否则你还是会觉得我们不公平。但是很抱歉,在没有大人监督下,我们真的不放心让我们的宝贝女儿在街上闲晃。"

小雅的父母虽无法期待女儿会感谢他们对她所设的限制,但他们承认女儿的感受,这一点使得小雅更愿意听父母的话。当小雅理解了父母拒绝的理由后,她自己会选择其他的活动。

这种阻碍也出现在八岁男孩小振和他爸爸的身上。

小振喜欢看一档不适合他观看的电视节目,但遭到爸爸的禁止。每次他又哭又闹地要求看那个节目时,爸爸就会以体罚作为最后手段,并且警告他:"反正你就是不能看那个节目!如果你继续这样哭闹耍赖,我就会继续揍你。"

然而,体罚不但无法解决问题,也使得家庭气氛变得更紧张,还让小振对爸爸产生很负面的感觉。爸爸与学校的辅导老师讨论了这件事。老师建议，如果爸爸能够站在小振的立场上看事情，也许小振会比较愿意听话。

因此，当小振再度为了看那个节目而哭闹时，爸爸平静地对他说："我知道你想看这个节目，但是这个节目真的不适合你这个年纪的孩子观看。你可以继续哭闹，我不会再打你，但是我也不会改变心意。不过，如果你想看电视的话，你可以从我指定的两个节目中挑一个来看。"

掌握三个目标，成为"设身处地"的家长

父母必须谨记，无论孩子的行为好坏，都要站在孩子的角度看事情，随时随地为孩子设身处地地着想，并且努力认清，同理心是培养孩子受挫力的关键因素。而想要具备"设身处地"的能力，就必须懂得体贴关怀，同时要求自己必须做到聆听，寻求理解，如此才能期待别人听我的、了解我。

以下三个目标，可协助父母强化及维持对孩子的同理心。

一、以同理心为教养的核心

在不同育儿专家的理论灌输下，父母学到了无数新颖但矛盾的教养观念，但是一些观念通常无法帮助孩子为未来的生活做准备。例如，有些专家建议，要让孩子哭着入睡，才不会宠坏孩子，但有些专家则抱持相反的意见。有些专家同意选择性的体罚，但也有专家认为体罚就是虐待。有些专家认为太早让孩子处于竞争的环境中，有害幼童心理，但另外一派专家则认

为越早竞争越能帮助孩子学习。

如果你也认同教育孩子的方式必须强调受挫力，那么在教养孩子的过程中，你的核心力量与角色就是"同理心"。如果你希望强化自己的同理心，那么现在就请开始接受并承认，同理心必须在亲子关系中扮演核心角色。

许多父母对同理心有错误的认知，认为同理心就是对孩子无止境的让步，是宠坏孩子或导致错误的教养方式的元凶。然而事实并非如此。因为同理孩子的感受，不等于同理孩子的行为或要求。

同理心应被视为有效沟通的基础，如此才能以有效的方式拉近亲子关系，塑造并增强孩子的受挫力。

二、以童年经历为指南，发展与孩子的互动能力

许多父母在面对孩子的问题时，采用当年他们父母的那一套家教方法，结果受到挫败。想要改变这些，在后面的章节中将会提供更多的策略和建议。但在这里，父母不妨练习同理心，回想自己的童年经历，把那些经历视为指南，借此发展与孩子的互动能力。

如何挖掘童年的经历呢？可自问以下三个问题。

1. 我与父母之间最美好的经历是什么？
2. 我最痛恨父母的经历是什么？
3. 父母看到我犯错时，会如何回应？

这些问题能够促使父母回想自己幼年的成长经历，而这些

经历便能让父母发展同理心。因为回顾自己成长的经历，会使父母开始思考："我给我的孩子什么样的感受？"父母自然而然地便会强化自己设身处地的能力。

就读七年级的亚莉经常向她的老师抱怨，说她的父母对她的要求太高，随时都不忘提醒她要拿高分，让她觉得压力大到已经快喘不过气来了。更令她难以忍受的是，父母对她只有批评，却极少花时间陪伴她。

在家长会上，老师与亚莉的妈妈做了一番深刻的沟通。老师要亚莉的妈妈回想，在她的成长过程中，她对父母正面与负面的记忆是什么，相信她可以从自己的成长经历中找到与亚莉相处的方式。

亚莉的妈妈想起，在求学的过程中，她觉得父母只在乎她有没有拿到好成绩，对于其他事情好像都无所谓。但是，她也想起一些至今仍让她感觉很美好的事情。例如，在她生日的时候，爸妈会对她说"我们非常非常爱你"。在她遇到挫折的时候，爸妈会鼓励她"我们会一直陪在你身边"。还有每次父母带她外出游玩时，她都玩得很开心。

妈妈决定以自己的成长经历作为管教孩子的指南与提醒，开始改变与亚莉的互动方式。亚莉爸妈在女儿面前提起成绩的次数越来越少，同时也越来越频繁地通过字条、语言、拥抱、陪伴、一起参加活动等方式来表达对女儿的关爱。现在，他们经常会提醒女儿的话是："有时候我们会忘了告诉你你对我们有多么重要，但是我们真的非常爱你。"

父母这样做明显改善了亲子关系。

三、把同理心付诸行动

还记得前文中提到的"我希望孩子怎么描述我"的问题吗？现在，就请你回想一下你的成长过程，然后回答下列的问题。

● 你会怎么描述你的母亲？

● 你会怎么描述你的父亲？

● 在你年幼的时候，你的父母都怎么描述你？

● 如果可以的话，你最想改变父亲与母亲所做的哪一件事？

在回答这些问题时，也请你别忘了，你对自己的父母存有什么意见。同样的，你的孩子对你也自有一番看法。如果你要培养孩子的受挫力，就必须先反思"我希望孩子怎么描述我"。

请拿出一张纸来，在纸的一边写下"我希望孩子描述我的字眼"，并且仔细想想为什么你会选择这些字眼。你的哪些行为会让孩子使用这些字眼来描述你？然后，在纸的另一边写下"我认为孩子会用来描述我的字眼"，并想一想是哪些行为导致孩子使用这些字眼。接着，将两边的字眼相互对照，看看两边的差距有多大。差距越大，就表示你未来要努力的地方越多。

父母花时间和精力发展并增强同理心，除了有助于发展出永久良好的亲子关系之外，它也会成为培养及提升孩子受挫力的指导原则。

第三章

熟练且积极的聆听技巧，
让沟通效果倍增

"要怎么做才能让我的孩子好好地听我说几句话？"

"儿子抱怨说，我只会唠叨他做错了什么，却从不提他做对了什么。"

"每次想要和女儿沟通，她就露出不耐烦的脸色。"

对于上述这些话，相信许多父母都不陌生。由此可见，亲子沟通已成为一个绝对重要但却十分困难的工作。

"我真的很努力在沟通，可是孩子的耳朵根本就不愿意打开。"这是很多父母共同的心声。

的确，要做到"有效沟通"真的很困难。因为，"知道你该做什么事"与"做你知道的事"是两回事，只有当两者之间的差距缩小时，沟通的效果才会显现。而想要缩短"所知"与"所为"的距离，在沟通过程中就必须做到倾听、接纳、回应、影响。这同时也是培养孩子受挫力的重要方法。

有效沟通是培养受挫力的关键

发展有效沟通的技能，可使亲子沟通变畅通、关系变好，它同时也是提升孩子受挫力的关键方法。

如果父母能够明确且深刻地了解构成受挫力的要素，那么每次和孩子互动时，就能设定以强化受挫力为目标。也就是说，父母可以利用亲子沟通的机会，做孩子的榜样，借此增强孩子的同理心、问题解决力、人际关系能力、反省力、适应力等。

除了做孩子的榜样外，父母同时也要自问以下的问题：

● 我是否用孩子能接受的方式，陈述我必须说或教的事？

● 我希望别人用我对孩子说话的方式与我交谈吗？

许多父母的出发点虽然是好的，但他们所使用的沟通方式，往往无法成功地培养孩子的受挫力，有些甚至削弱了孩子的受挫力。

用有效沟通来达到培养受挫力的目的，这是一项高难度的挑战，有时不免会令人感到挫败。而当深深的挫败感来袭时，父母便很容易会把自己过去的经验带进沟通的当下。因此，父母必须经常自我提醒，越能正确审视自己的目标和动机，以及越能质疑自己沟通的方式，就越能成功培养孩子的受挫力。

为了做到有效沟通，父母在与孩子沟通时应自问以下的问题：

● 我有传达给孩子"尊重他人"的讯息吗？

● 我的讯息有协助孩子学会"解决问题"的能力吗？

● 我的讯息有教导孩子"同理他人处境"的能力吗？

● 我的讯息有教导孩子"自律与自制"的能力吗？

● 我有以"成为孩子的榜样"的态度，为孩子设立规矩吗？

● 我有仔细倾听、接纳、回应孩子所说的话吗？

● 我有做到让孩子知道我重视他的意见吗？

● 我有做到让孩子知道他对我非常重要吗？

● 我有教导孩子了解"错误也是学习的过程"吗？

● 我能坦然向孩子承认自己的错误并道歉吗？

这些问题同时也是为父母设定的有效沟通目标。它们看起来好似老生常谈，但执行起来并没有想象中那么容易。当处于气愤情绪中时，即使知道应该怎么做，大多数人有时会违反心意逆向而行。

对于上述的问题，父母都可以坦然和孩子讨论，不必在意孩子是否会反对，如此才能确定自己是否达成目标。

很多时候，父母必须对孩子提出特定且具体的规则与建议，尤其是涉及安全问题时。不过，如果父母能够善于运用自己的知识与经验，传递丰富的讯息给孩子，教导孩子思考，鼓励孩子自己找出解决方案，将更有助于促进孩子成长，并提升其受挫力。这种强化解决问题的能力、自主意识与对生命的掌控感，都是提升受挫力的关键要素。

无效沟通的三个原因

为什么亲子沟通无法达到理想的效果呢？有以下三个原因。

一、让幼时的负面经历不断重演

不论成长的经历是美好或恶劣，它都会深刻影响人们日后的行为。如果父母自幼便与上一代有沟通不良的情形，那么他们在与自己的下一代沟通时，通常也会困难重重，当然也更无法通过沟通来培养孩子的受挫力。

浩威从小与父亲的关系便很紧张。记忆中，他的父亲大多数时候都处于生气与吼叫的状态，尤其喜欢针对他。他总觉得，不论自己多么努力表现，都无法得到父亲的肯定。当他表现出色时，父亲从不会给他一句肯定或称赞；当他表现不好时，就会遭到父亲的谩骂。不论何时，父亲总是用手指着他，和他说话，那就像是拿着一把刀在刺他一样。

直到父亲生命将尽之际，浩威才感受到父亲对他的爱。他说："父亲病危时告诉我，他爱我！我感动到泪流不止，但同时也感到很遗憾，为什么他不早一点告诉我。"

看到十岁儿子小东的种种负面行为，浩威真的很头痛。每当儿子做错事情，他便会用苛刻的语言痛骂儿子，而且总是先入为主地认定儿子做错了。即使儿子做对了，他也没有给予正面回馈。在他的观念里，正确的行为是本分、是应该的，无须鼓励、强调。

现在，回想自己幼时与父亲的互动经历后，浩威发现自己和小东的沟通，其实一直都在重蹈自己父亲的模式，那是一种充满愤怒、缺少温暖的互动方式。

这个发现促使浩威决心改变自己的态度，并提升自己设身处地的能力。他努力让自己变得不那么苛刻，态度变得更积极正面，也用鼓励取代责骂。虽然一开始做起来相当困难，但他决定甩开旧的沟通方式。

二、愤怒削弱了沟通效果

当父母生气时，理想的状况是自动启动有效的沟通方式，协助缓解双方情绪，并将注意力导向寻求合理的解决方式上，如此将可大幅减少亲子冲突的次数。遗憾的是，大多数的父母在生气、受挫时，沟通的效果也会跟着变弱，自然就无法发挥同理心、解决问题的能力，最后反而让问题变得更严重。下文所提到的小振的故事，便是典型案例。

八岁的小振哭闹着要看电视，爸爸因被吵到耐心全失而动手打他的屁股。然而，对一个爱哭闹耍赖的孩子来说，体罚或许可以换得孩子暂时停止哭闹，但无法解决问题，更不利于培养他的受挫力。

爸爸后来听从专家的意见，调整管教的方式，以坚定的语气对小振解释说，那档节目不是为小孩子设计的，并不适合小孩子观看，所以不管他如何哭闹都没有用，他就是不可以看那档节目。如果他真的想看电视，可以从爸爸选定的两个节目中挑一个来看。

三、先入为主地认定孩子是故意的
就好像是天性使然似的，每个孩子都喜欢测试父母，看看父母的底线在哪里。而身为父母的重要任务之一，就是为孩子设定目标及规则，并且坚定地执行，才不会让孩子存有侥幸的心理。

当然，孩子绝对不可能感谢父母为他们设定规则。但是如果父母是在冷静、理性、设身处地的状态下，设定了一些规则与目标，孩子便可能觉得它们合情理并愿意接受。相反的，如果父母先入为主认为，孩子的负面行为是在挑战父母的权威，并因此而对孩子设下规则与目标，那么孩子自然也会把父母当"仇敌"看待。

提升沟通效果的八个步骤

要达到提升沟通效果的目标，就必须学会倾听孩子的心声、接纳孩子的感受，并且真诚主动地回应孩子。父母遵循以下八个步骤，便能循序渐进地达成目标。

一、从孩子出生的那一刻就开始和他交谈

从孩子出生的那一刻就开始和他交谈，这样做真的能达到有效沟通的目的吗？答案是肯定的。有些父母会对这种方式持质疑的态度，认为这时期的孩子什么都听不懂，大可不必如此大费周章。当孩子到了青春期，这类父母必须与孩子讨论性、酒精、毒品等重要话题时，却会因为一直以来不曾花时间与孩子说话，亲子沟通变得困难重重。

在这种家庭中，当父母想和孩子聊一聊时，往往会因为缺乏沟通经验，双方都显得拘谨不自在。有些父母表示："那种气氛真的很不自然，我们夫妻俩和孩子都感到别扭又尴尬，讲起话来结结巴巴的，有时讲不到两句便沉默下来，有时又为了要把一句话讲完而打断对方。沟通才进行了一会儿，双方便都为了避免尴尬，想赶快结束讨论，此时都还没有进入主题呢。"

长期不与孩子沟通各种问题，却要在一时之间与孩子讨论严肃话题，这就好像平时不运动的人，在决定开始运动的第一天便进行高强度运动一样，很快便会因为体力不支而放弃。与孩子的沟通也是如此，必须通过循序渐进的方式累积经验与信任，才能建立有效沟通的模式。

当然，有些父母会担心，万一在孩子年幼时期的亲子沟通

进行得不顺利，是不是日后就永远没有机会好好沟通了？这其实是一种错误的推论。我们所要强调的重点是，如果在孩子年幼时，父母便与孩子建立起良好的沟通模式，孩子在长大后就能轻松自在地与父母聊天、聆听父母所说的话。即使面对不会说话的年幼孩子，父母也可以和孩子进行非语言的沟通，例如，拥抱、陪孩子玩游戏、跟孩子说话、问孩子问题、回应孩子每个咿咿呀呀的发音，这些都是创造良好沟通气氛的行为。

二、制定家庭时间，主动沟通

现在，每个家庭成员的生活都十分忙碌，总是匆匆忙忙地碰头，然后各忙各的，几乎找不出时间讨论家庭中的重要事情，更别提在气氛良好的情况下讨论一些事情。

父母的重要工作与责任之一，就是做到主动沟通。除了把握聚会的时机进行主动沟通之外，家庭时间也是父母主动沟通的时机。例如，在孩子的年幼阶段，父母要确保自己有足够的时间陪孩子一起玩、看书。这类"陪伴"的活动，不只提供亲子互动的绝佳机会，也让孩子感受到父母的爱，带领孩子驰骋在想象的美好世界里，培养并塑造孩子解决问题的能力。

随着孩子到了学龄阶段，父母可以和孩子一起制定每周的家庭时间，一起讨论家庭问题及可能的解决方案。不过，沟通次数不一定只限一周一次，也可以是每天一次。此外，用餐时间也是沟通的好时机，在轻松愉快的用餐气氛下，每个人都可以边谈边听有趣的话题。

主动沟通的意思是，父母要在许多重要话题变成问题之前，主动承担提醒、教导孩子的责任。例如性、毒品、酒精等话题。

有些父母不知道该如何跟孩子谈这些话题；有些父母担心，谈得越多，孩子会越好奇。这些担心其实都是多余的。与其让孩子因为自行摸索而误入歧途，父母不如扛起责任好好与孩子沟通。

三、不预设立场地积极聆听

很多父母对沟通的认知是，表达自己的想法。于是一次亲子沟通就变成了一场说教演讲。的确，表达自己的想法是沟通的重要目的之一，但是在寻求孩子的理解与接受之前，父母必须先从了解孩子的想法开始。

懂得积极聆听的父母，会在不抱任何预设立场的前提下，试图了解孩子的言辞及言外之意，领会孩子传达的感受、思想及信念，同时不让自己的想法或观点干扰到孩子表达内容的能力。

懂得积极聆听的父母，在寻求被孩子理解之前，会先尽力了解孩子，并努力听出孩子的许多弦外之音，进而了解孩子在乎或担心什么。受挫力所必须具备的一些特质，包括同理心、问题解决力等能力，都因积极聆听而增强。

四、要让孩子感受到父母接纳他

父母在积极聆听的同时，也必须"接纳"孩子所说的话，态度认真地把孩子的话听进去。而要让孩子感受到父母接纳他的方法之一，就是对他说："我听到你说的话了。"

无法接纳孩子的意见和感受，就无法达成有效沟通。但是，"接纳"并不等于父母必须"同意"孩子所说的话，而是要了解孩子的观点。若是父母在聆听完孩子的话后，便立刻否定孩子的感受与观点，那么沟通就再也无法继续下去，也就等于在告诉孩子，父母对他所说的话不感兴趣。

以前文中所提到的小曼为例。当小曼在妈妈面前说自己心情很沮丧时，妈妈觉得小曼根本就没有理由沮丧，因为家人对她的照顾无微不至，给了她所需要的东西，而且他们一家人感情融洽。妈妈努力地想要安抚女儿的低落情绪，然而焦虑与不安感，反而使妈妈说出让女儿更低落与更退缩的话。

另一个就是前文中所提到的茉莉。当她抱怨说"同学都不喜欢我，我在学校都交不到朋友"时，妈妈武断地认定是茉莉不懂待人之道，甚至指责女儿总是"自以为是"，爱耍老大脾气。妈妈的一番话惹得茉莉气愤地顶嘴："你老是说我又哪里不对了，从来都不听我说，搞得好像每件事都是我做错了。"

不懂"接纳"，就无法与孩子建立有效沟通。所谓"接纳"，就是不论听到孩子表达的内容有多么负面，父母都要接受并且以包容的态度回应孩子。例如，茉莉的妈妈可以这样对茉莉说："我知道你觉得大家都不喜欢你。虽然我的看法和你不一样，但是我很高兴你把自己的感受告诉我。其实，我觉得你在许多方面都表现得很成功。我相信我们一定可以一起想出办法来解决你的困扰。"这么一来，将有助于茉莉解决自己的问题。

当父母承认孩子的感受时，孩子就更愿意反省他与父母的互动方式，并与父母一起找出改善问题的各种可能的方法。

五、设身处地，就能解除孩子的防卫心理

我们每个人都希望得到别人的尊重，在沟通时能够明确且

积极地回应我们。但是，我们在对待别人时，却往往会不自觉地以不期望别人对我们的方式对待他人。

在父母的眼里，小宇是个挫折忍受力很低的孩子，做任何事情都容易半途而废，只要遇到一点小困难便放弃。他们把小宇半途而废的事情列出一份清单，并归纳出他的行为模式。

学习打球、绘画、乐器、下棋、珠算等才艺，一开始小宇对这些活动都表现出高度的热情与兴趣。但每次只要遇到一点小瓶颈，例如接不到球或学习的进度缓慢等状况，小宇就会闹脾气，说他讨厌这些活动，然后就再也不愿意继续学习或练习。

有一天，小宇又兴致勃勃地对父母说他想要学高尔夫球。这个要求惹得父母十分不耐烦。

妈妈对他说："我们凭什么要买那么昂贵的高尔夫球具给你。你做任何事情都容易半途而废，只要遇到一点点小挫折便轻易放弃，到现在你都没有学会一项才艺。我们认为你很快又会放弃高尔夫球，所以又何必浪费钱呢！"

爸爸失望的情绪早已转变成愤怒，他接着对小宇说："你根本就是个输家。"但是话才一说出口，他便后悔了，恨不得把那些话吞回去。

当看到孩子在学习上总是半途而废，不断地在充满期待、希望幻灭、放弃之间循环时，相信大多数父母都会感到失望、难过，甚至愤怒。

面对类似小宇这样的案例，父母的有效做法应该是，设定目标，教导小宇执着、专注，并学会忍受磨炼的过程，因为坚忍正是提高受挫力的重要因素。对小宇的父母而言，他们应该想出一些有效的沟通方法，提升小宇在面对阻碍时的坚忍毅力。

对于小宇想要学高尔夫球一事，父母在经过讨论后，决定要和儿子好好沟通，让儿子明白父母的担心。

妈妈对小宇说："我们都很支持你学高尔夫球，但在答应之前，我们必须让你明白我们担心的一件事。"

小宇说："我知道是什么。爸爸说我是输家，你们担心我又会半途而废。"

爸爸说："我知道我不该那样说，对不起。只是你每次学东西都是三分钟热度，一遇到困难就放弃，这让我感到很失望。没错，我们就是担心你半途而废。"

妈妈说："我们相信你也不想半途而废，但是每次你觉得自己没有什么进步时，就会轻易放弃，不愿意再努力一下。然后我们就会烦恼又生气，并开始吼骂你。"

小宇说："好，我答应你们，这次我不会轻易放弃。但是你们也别骂我！"

妈妈说："我们会努力做到这一点，但是你也要负起你该负的责任。如果我们答应帮你租或买球具，你就得承诺即使遇到挫折也要一直学下去。"

小宇说："如果我学了一半后，不再喜欢了呢？"

妈妈说："我们希望，就算不喜欢，你也要给自己一个机会，看看是否能做得更好。也许最后你会发现自己并没有不喜欢。"

小宇语气比较平静地说："如果我能坚持下去呢？"

妈妈说："那我们愿意帮你租球具并付学费。但是，我必须先确定你不会学了几个星期后又想放弃。"

小宇肯定地回答："这次我绝对不会放弃。"

妈妈说："好，那我们就做个约定。只要你保证一直学习下去，我们就支持你。"

小宇问："一直学习下去？那要多久？"

妈妈问道："你觉得呢？"

小宇想了想说："也许一整个学年。"

妈妈说："一个学年还是蛮合理的。我希望你能享受学习高尔夫球的乐趣。就算你在这个过程中觉得它并没有你想象的那样好玩，你还是要努力学完，这是你承诺的。这样我们就会帮你准备球具和付学费。"

当然，父母并不是每次和孩子沟通都能这么顺利且有效。但是，如果父母设身处地地与孩子进行这种防御性较低的讨论，让每个家庭成员都能聆听彼此的心声，就会增加沟通成功的可能性，同时提升孩子的问题解决力。

六、沟通时要避免批评与指责

根据调查，许多刚成年的年轻人表示，自己的成长环境有如被貌似检察官的父母与老师所围绕。其中有人更坦承："我觉得父母总是虎视眈眈的，想要在我说谎或犯错时把我逮个正着。而我也会为了不让他们逮到，便经常扭曲事实。"

当对孩子的表现感到失望时，父母便很容易批评、指责孩子，并武断地认定孩子的行为模式是刻意的，容易做一些被孩子视为批判与指控的举动。

只是，当家中的气氛充满紧张、愤怒和不信任时，父母就很难强化孩子的受挫力。因此，父母如果希望自己成为孩子的榜样，那么不论如何被孩子激怒，父母也都必须把这种指责性的语言减到最少，选择不影响父母权威又可让孩子听进去的语言。

七、沟通时要简短、清楚、焦点集中

有些父母在与孩子沟通时，有如列好了一份"问题清单"，试图把所有讯息一次就传达完毕。这往往导致孩子在接收讯息时负荷过重，无法消化或压力过大。

与孩子的例行沟通必须把握的重要原则是简短、清楚、焦点集中。沟通是一辈子的事，不能急于一时，无法"毕其功于一役"。如果一次提出太多讯息，孩子可能会无法应对，最后什么都没有听进去。如果沟通中还夹藏着指责与批评的负面话语，沟通效果更差。

"简短"是指，与孩子沟通时，一次要讨论几个问题。当然，问题的多少要视孩子的年纪而定。面对年纪越小的孩子，父母传达的讯息就应该越少且越简单。不论孩子的年纪多小或多大，父母都切忌反复谈论同一个问题，否则只会让孩子因为厌烦而拒绝听话。

父母在沟通过程中要随时注意孩子的反应。当对话变得越来越没有效果，或者问题得不到解决，并演变成紧张对立时，就是停止沟通的信号。此时，父母要对孩子说："现在大家都有情绪，这样讨论下去是不会有结果的。我们另外找时间再继续讨论吧。"然后趁这段时间好好思考，换一个可以让孩子接受的

说法，达到更好的讨论效果。

八、了解"重复"的重要性

"讲一次就懂"是所有父母都期待看到的亲子沟通结果，但不幸的是，对一些孩子来说，就一个讯息，也许必须多次重复聆听该讯息后才能理解，然后才能把这个讯息内化。沟通是不间断重复的过程。一些父母也常在话语中显示出，他们并不明白重复的重要性。

有位妈妈不解地说："我那个读幼儿园中班的女儿，有一天突然好奇地问我，为什么弟弟有小鸡鸡（阴茎），她却没有。我解释说，女生本来就没有小鸡鸡，这就是男生和女生不一样的地方。她看起来好像明白了，但几天后又跑来问我同样的问题。我再解释一次。过了几天，她又问我一次。我再对她解释一次。但是我自己也不禁感到困惑。难道我的解释方法不对吗？为什么她好像懂，但又好像不懂？"

孩子在学习新事物时，都需要多次聆听同样的讯息，然后才能把该讯息融入自己的认知之中，特别是那些比较年幼的孩子。其实，即使是成年人，在学习新事物时也常常会重复地询问相同问题，然后才能完全理解。很少有人能够只听一次就学会的，不是吗？

所以，在对孩子传达讯息时，父母必须做好心理准备，得一再回答孩子所提出来的相同问题。这些问题代表着孩子强烈的探索欲望：试图了解世界、发展并体验神秘感、学习知识与问题解决力。这些探索方向都和受挫力有关。

当然，随着孩子的年纪增长，认知能力也跟着提升，此时，相同的问题对孩子来说或许具有不同的意义。例如，当七岁的孩子问道："我是怎么生出来的？"父母所提供的答案，就必须比回答四岁孩子要更加明确。

父母若是想要提升孩子的受挫力，就该以语言或行动让孩子了解他所提出的问题一点都不愚蠢。因为，一旦孩子觉得自己的问题及发言很愚蠢，就会打消提问的念头，如此反而会剥夺孩子学习的机会。

此外，父母还要进一步用"这是一个非常好的问题"之类的话语，来强化孩子强烈的探索欲望。当孩子一再重复询问相同的问题时，父母应该以鼓励的语气回答："我很高兴你又来问我这个问题，有些事情就需要花时间才能学会。"

第四章

掌握准则，写出正面教养脚本

在教养孩子时，父母的言行经常会一再重复出现，重复的频率高到可以预测到相似结果，这种高频率的重复便成为"教养脚本"。当最后的结果令人满意时，它便是一个"成功脚本"，父母应该继续采用；当结果令人失望时，它便是一个"负面脚本"，就应该加以修正或放弃。

只是，绝大多数的父母都没有能力改写自己所写的这套"负面教养脚本"。父母希望孩子懂得变通、体贴他人、接纳新观念与新方法，但父母却常常无法以身作则，反而落入负面脚本的陷阱中。

许多父母都会感叹，经年累月地对孩子叮咛提醒、耳提面命，最后孩子的表现却无法达到自己所期望的结果。只是，感叹归感叹，一些父母依然继续遵循着那个无法发挥作用的负面教养脚本，有时甚至变本加厉。一些父母无法领悟自己的教养脚本有什么问题，自然就不愿意改变教养的方式与方向。

负面教养脚本不但不利于培养孩子的受挫力，还会导致家庭冲突。想要改变孩子、培养孩子的挫折忍受力，就必须先从改变负面教养脚本开始。父母要学习改变教养语言，才能提升自己了解孩子与寻找问题的能力。如此，当遇到阻碍时，孩子便能够在父母的引导下，知道如何分析问题并采取应对措施。

盲目坚持负面教养脚本

许多父母在面对一再出现的负面教养结果时，仍然盲目坚持不合适的教养脚本。但这些父母却不会以同样坚决的态度和方式去处理家庭以外的问题，为什么？

这种情形就好像，如果这个技师找不出车子出故障的原因，我们会找别的技师修理；如果服务人员态度不佳，我们会光顾别家店。但在面对家人，尤其是自己的孩子时，我们却很难如此果断地做决定，变得优柔寡断。可见，改变与家人相处的负面脚本很困难，但更难的，是改写教养孩子的负面脚本。

在教养上，如果父母的言行模式可以被预测，那么这会产生正反两个方面的结果。正面结果是，它可以让孩子感到安全与前后一致的稳定感；反面结果是，它限制了孩子的视野，导致孩子在解决问题时缺乏创意、无法变通。而当可预测性到了几近顽固、僵化的程度，甚至可能引导父母走上紧张、不快乐的道路，并持续地顽固与僵化，丝毫不考虑替代方案时，它终将招致反面效果。

亲子之间的回应方式，大多数是可以精确预测的，因为家庭成员长期坚守一个固定剧本，各自扮演固定角色。许多父母在面对孩子长期存在的负面行为时，会固守自己的脚本，一心只想改变孩子的行为，但这个期待通常无法如愿。其实，如果想让孩子改变，父母必须先有自我改变的洞察力及勇气。

一位妈妈第一次理解到，自己为两个孩子写了一成不变的负面脚本，而且每天重复上演。每天一大早，她的声音就开始穿透整间屋子，唠叨孩子起床上学，责备孩子起床后不整理床铺、吃东西爱挑嘴，总之就是喋喋不休地讲个没完。

她自己也不知道这些负面脚本是怎么来的。它们明明就没有效果，但自己却固执地继续执行。她承认她必须"重写"她的教养脚本。当天晚上，她对两个儿子说她在乎他们，并且会努力改掉"唠叨"的行为。

她觉得好笑的是，第二天早上，两个孩子热情地问道："你是不是想要我们送你一份生日大礼呢？"这一天，她和两个儿子玩得很愉快。

她发现，自己已经好久好久不曾和孩子们玩得那么开心了，那一整天里，她的心里都在笑。那时她才领悟到："我怎么没有想到要早点改变呢？情况明明就已经那么明显了，我却还那般执着与盲目。"

任何看似起不了作用的细微、点滴改变，都有可能会对亲子关系产生重大的正面影响。千万别指望孩子会大彻大悟地对父母说："我现在终于明白了，你的唠叨、催促、讽刺和责骂都是有意义的。我以后一定会乖乖听你的话去做。"这样的情景，父母可能一辈子都看不到。

改写负面教养脚本的四个阻力

父母写成负面教养脚本的原因，也正是父母改变负面教养语言与模式的阻力。每个人都会从成长过程与对家庭生活的观察中，得到错误的教养观念，这些都是阻碍父母改写负面教养脚本的原因。

一、一套脚本走天下

许多父母之所以会写出负面教养脚本，而且固执地不愿意重写或改写这个毫无效果的脚本，是因为父母一直抱持着"全天下的孩子都一样"的错误观念。在一些父母的认知里，每个孩子基本上都一样，当一套教养脚本适用于某个孩子时，它也会适用于所有孩子。

之所以有这种"一套脚本走天下"的情况，是因为一些父母不了解孩子在某个年龄、某种发展阶段、某种气质下，会出现哪些不同的反应。尤其在教养天生难以取悦的孩子时，这种情况特别明显。

还记得前文中提到的那个怕生又害羞的美莎吗？那个不好意思跟人家打招呼的十二岁女孩。

每天早上，当她准备上学时，妈妈都会鼓励她试着和同学交朋友。每天放学回家后，妈妈就会问她："你今天在学校里和同学说话或玩游戏了吗？同学有没有邀请你去他家玩？"

妈妈认为，只要不断提醒美莎友谊的重要性，并鼓励她多与同学互动、交朋友，美莎就会照做。

美莎妈妈的教养脚本轻易便能预测到结果，它一点都没有作用。最后，美莎妈妈听从了专家的建议，改变教导美莎的方式，开始暗中积极安排美莎的同学到家里来玩，这才使得美莎怕生与害羞的情况渐渐得到改善。

二、认为让步会宠坏孩子

一些父母会认为，改变已经执行很久的教养方式，等于是对孩子"让步""认输"，更担心会因此"宠坏"了孩子。也就是说，一些父母认为，如果改变平常的管教方式，就会被孩子视为怯懦，当然也就无法让孩子学会承担责任。前文里所提到的小治，便是极佳的案例。

为了解决小治老是上学迟到的问题，父母清楚地对他表明，以后他必须自己搭校车上学，如果再像以前那样错过校车的话，父母不会再开车送他上学，他将会因迟到而被记旷课。

父母完全不愿意调整他们对儿子的期望，也不愿意改变他们所设定的负面教养脚本。爸爸甚至表示："这样才可以让小治从错误中端正学习态度。"但是令父母没想到的是，小治根本就没有把父母的话当一回事，更没有因此就提早起床准备上学。他依然错过校车，更不在乎被记旷课。

看到儿子这种毫不在乎又不负责任的行为，父母感到非常生气，于是决定惩罚小治。父母禁止小治参与他热爱的球类活动。然而，父母从不曾用心地深入了解小治的核心问题。其实，小治之所以老是迟到，并不是因为他不负责任，而是因为他无法专注，动作又慢。

父母必须认清一个事实，就是当亲子关系长期处于紧张状态，孩子老是觉得父母在唠叨或说教时，便会把父母的话当成耳边风。在这种状况下，父母改变教养方式并不表示会宠坏孩子，也不表示父母违反规则与期待。

只有父母违背自己对孩子所设下的规则与期望，让孩子为所欲为时，才有可能宠坏孩子。改变负面教养脚本，并不表示抛弃了身为父母的责任，而是为了缓和情绪、改善亲子关系、鼓励孩子改变自己，并激发孩子多为自己的言行负责的意识。

三、认为"我就是这样长大的，我也没有变坏"

导致负面教养脚本一直存在的第三个阻力就是，每当谈到管教或规矩时，父母经常会说："我的父母就是这样把我养大的，我现在也没有变坏啊。这套脚本没什么不好！"

以前文中所提到的小汉为例，他跟他的爸爸就陷在这种负面教养脚本中。

小汉是一个绘画天才，但因为患有阅读障碍，所以小汉的学习成绩不佳。爸爸认为，只有更严厉的管教才能提升儿子的学习成绩，所以爸爸越来越倚赖体罚作为"教"儿子的主要手段。

爸爸为儿子设定了极高的目标，而且丝毫没有让步的空间。为了不让儿子产生骄傲自大的心态，当儿子做错了事情，爸爸会立刻严苛指责；当儿子做对了事情时，爸爸却没有一句称赞的话。

当老师向小汉的爸爸表示，小汉的负面行为越来越严重，这一切应该都与小汉的阅读障碍有关系。直到此时，爸爸才坦承，其实自己小时候也跟小汉一样，因为阅读障碍的问题而吃了不少苦头。爸爸难过地说，那时候人们对阅读障碍一无所知，他的父亲总是指责他懒惰、不用功，对他的惩罚越来越多，让他不再相信父亲对他的毒打是出自好意。

爸爸还提到，当时小小年纪的他在考到好成绩后，是多么希望得到父亲的赞美与肯定，但他听到的却只是父亲的批评。这股面对过去的勇气，促使爸爸开始改变对待小汉的方式，爸爸开始给予小汉正面回馈及鼓励。

当小汉的爸爸改写了负面教养脚本后，他的教养态度由惩罚、讽刺与愤怒，转变成同理心和正面强化。当小汉爸爸跨出这一步后，小汉的学习成绩明显变好了，父子关系也有了积极且正面的改变。

四、认为孩子应该感激父母的努力改变

当父母开始改写负面教养脚本，并努力改变自己的言行，却未能在孩子身上看到立竿见影的效果时，那种"孩子应该感激父母的努力改变"的心态，很容易牵引着父母又走回负面脚本里。

事实上，大多数的孩子并不会花很多时间去感激父母为他们创造的美好生活，他们认为父母所做的一切都是理所当然的。父母也许很难接受，但这就是教养孩子的本质，父母不论愿意不愿意都必须学着接受它。

对父母而言，努力尝试改变教养风格，不只需要勇气，还得费尽心思及精力。但是，当一开始就碰到孩子毫不领情，或是没有立刻看到孩子的行为有改变的迹象时，一些父母就会失落地感叹："我努力为孩子做了这么多，有什么用呢？孩子根本就不愿意为自己负一点责任。"

改变是需要时间的。不论年纪大小，每个人都会以自己熟悉的方式回应他人，就算是环境改变，仍会先以习惯的方式回应，直到自己的习惯渐渐消失后，对新环境的反应才会出现转变。

无论是生活习惯、饮食习惯或负面教养方式，都因为它们是多年习惯或模式，想要改变，必须花费一段时间。尤其是改变负面教养脚本，更可能引发孩子为了测试父母的决心而刻意

表现出更负面的行为。但当孩子相信父母改变的决心后，他便会开始配合父母的期待而改变自己的行为。

　　需要注意的是，如果脚本改变牵涉到情绪或注意力（例如花更多时间陪伴孩子，向孩子表达父母的爱），对于父母的这些举动，有些孩子或许会因为不知如何回应而感到不知所措；有些孩子则毫不领情，甚至怀疑父母别有目的。当遇到这些状况时，父母必须切记，如果已慎重考虑过新脚本及新教养行为，那就绝对不要因为孩子的反应而轻易放弃。

五个准则，写出正面教养脚本

　　在写出有效教养脚本的过程中，父母必然会遭遇到各种障碍，而要达到这个目标的关键第一步，就需要了解负面教养脚本的起源以及改变负面教养脚本的阻力。父母若想成功挑战这条困难重重的道路，可遵循以下五个准则。

一、先问自己可以做什么改变

　　在改写脚本时，父母若认定是孩子必须改变，那么必定会写出一个失败的脚本。具备弹性思维的父母会领悟到，他们必须先反省自己可以做什么改变，然后再期待孩子改变。父母所做的建设性改变，将会鼓励孩子也朝积极、正面的方向改变。

　　父母在改变孩子的负面行为时，第一个步骤就是自问："是我的哪些教养方式造就了这个负面脚本？我该怎么做才能减轻问题的严重性？"

　　父母能抱持着"我可以做些什么改变"的态度，才是改变教养方式的关键。虽然看似简单，但许多未认清此事的父母依然会走上错误的道路。如果父母认定改变的第一步是"孩子必须改变"，那么改变成功的概率便会大幅降低。

身为父母，你能接受"要改变负面脚本，就先自问自己可以做何改变"这项事实吗？截至目前，父母是否了解了负面脚本背后的成因？是否知道实现改变的阻力是什么？如果答案都是否定的，请务必花时间思考及解决上述问题。如果答案是肯定的，那么父母现在就处于改变的状态。

二、了解问题根源与改变目标

解决负面教养问题的第一个步骤，必须是以一般人可以理解的词语来界定孩子的问题，以防父母可能掌握错误的观念，偏离了解决问题的道路，以致费了一番时间与心思后，却还弄不清楚"造成"孩子问题的真正原因。

先清楚阐明问题，然后努力寻找问题根源。像"我的孩子之所以从来不听我的话，是因为他生性固执"，或"我儿子之所以做任何事情都半途而废，是因为他天生懒惰"这种陈述，其实都只是反映了父母的主观感受，并没有找到问题的真正根源，当然也就不能解决问题。

例如，有个妈妈指责儿子一大早磨磨蹭蹭，不好好准备上学。儿子回答："时间不够，我来不及准备。"显然，这位妈妈把重点放在她主观推断的原因上，而不是界定问题所在：孩子在必须准备好的时候，并没准备好。如此一来，当然会引爆冲突。父母在界定问题时，应该以明确而非批判的方式，邀请孩子一起解决问题。

要落实这个准则的前提是，父母必须知道改变的目标，而且这个目标也必须以务实的语句来清楚界定，例如"我们希望儿子在合理的时间内完成某件事"，或"希望孩子在我们提出问题时有所回应"。

当问题的根源与改变的目标都界定清楚后，父母还必须自问："这个问题存在多久了？它对家庭造成了什么样的影响？又是怎么发展到现在这种地步的？"

在诚实回答了这些问题后，也许父母就会发现孩子的问题变清楚了，接着父母就可以努力寻找问题的根源。父母甚至可能会发现，问题其实并没有想象的那样严重。

以下便是一个成功改写脚本的案例。

十一岁的小珍是班上的优等生。她的弟弟患有情绪障碍与学习障碍，需要父母投入大量精力与时间。然而，渐渐地，父母发现小珍也出现了学习问题。当父母与小珍讨论她成绩下滑的问题时，小珍的神情明显表露出："现在终于有人注意到我的存在了。"

显然，小珍的问题根源不在于她的成绩变差，而是她逐渐消失的归属感，以及她在家中被接纳的程度。当然，她的父母也清楚界定了改变这个问题的目标，就是父母每天都要花一点时间和小珍相处，并以轻松的方式让她知道，她并不需要刻意用低分数来得到父母的关注和爱。

三、厘清自己所做的改变以及改变为何无效的原因

界定了问题根源与改变的目标后，还必须厘清自己做了哪

些改变以及改变为何无效的原因。要了解这些，就需要对目前的教养脚本进行评估。

小治的妈妈为了解决小治上学老是迟到的问题，决定每天提前三十分钟叫他起床。但是这样的做法似乎没起到什么作用，反而让小治有更多时间玩玩具。小治依然来不及搭校车上学。

小娜的爸妈对她的成绩很不满意，于是禁止她参与某些活动。小娜的爸妈后来发现，因为取消了太多小娜喜欢的活动，以致小娜只能无聊到在房里睡大觉，亲子关系也日益紧张。于是小娜的爸妈决定改用不批评、不责备的方式，与小娜讨论学业的重要性，促使小娜积极参与寻找解决方案。

小乐非常喜欢爸妈的陪伴，对于爸妈承诺的陪伴时间，更是一分钟都不能少。他的爸妈认为自己已经尽了最大的能力，接下来也该换儿子改变观念了。

想让孩子改变观点与行为，父母就必须创造新的脚本，让孩子更容易调整自己的观念与行为。父母的改变，经常也会在无形中鼓励孩子变通，提升孩子的问题解决力，进而强化其受挫力。

在小乐的案例中，他的父母后来了解到，小乐的问题不在于他对父母的要求是否合理，而在于他强烈需要关注的内心，这样的需求才是对家庭造成负面影响的原因。因此，小乐的父母改变目标，以实际行动满足小乐的需求。小乐的父母不再承

第四章 掌握准则，写出正面教养脚本

诺会陪伴小乐多少时间，而是开始带小乐参与家庭以外的活动，让小乐有机会对别人付出，感觉被需要，并因此让小乐觉得自己很重要。小乐的父母甚至还制定了与儿子的"亲子约会时间"。

四、用心寻找方法，必能有所收获

无论多么积极的解决方法，都无法保证一定奏效，但却是值得一试的"可能有效"方法。通过清楚界定问题的根源与设定问题目标，父母便可以改写负面教养脚本。

父母若能抛开自觉丢脸的感受，认清改写负面教养脚本将能促使孩子自动改变的事实，就是展开了积极解答问题的历程。父母必须牢记，尽管先前已经绞尽脑汁地尝试过各种可能的办法了，但当采用新脚本时，就是水到渠成的时刻。

以小治的故事为例。

为了改变小治上学爱迟到的行为，父母与老师合作，每天早上为他安排一项能够激发他积极上学的任务。老师指派给他的任务是当卫生班长，借此让他提早到学校监督同学们的打扫工作。

受到这个任务的激励，小治每天早上都提早到校，自尊心也跟着提高了。他开始觉得学校是能展现自己长处的地方。他还因为表现好获得一张热心服务证书。这份肯定令小治感到很自豪，还把那张证书裱起来挂在客厅墙壁上。

小治的父母改写无效的负面教养脚本，每天早上不再催促小治快一点，而是以提高他的自尊心为出发点，提供一个激励他上学的理由，成功地改掉他的负面行为。

　　另一个成功改写负面脚本的案例，是对父母的陪伴需求无度的小乐的故事。

　　小乐对父母的陪伴时间非常在意，甚至分秒都要计较。为了解决这个问题，他的父母为他找了一些家庭以外的活动，让他通过付出而感觉被接纳与被需要。他们还制定了单独与小乐相处的"亲子约会时间"，利用这个时间一起外出用餐、观看球赛，或一起运动。

　　"亲子约会时间"为小治与父母带来许多好处。它让小治感受到被关注、被爱，突显父母对小治的重视，更让小治的父母有机会好好认识自己的儿子。

五、别因一时见不到效果，就放弃希望

　　在决定改写负面教养脚本时，父母也要做好面对一再失败的心理准备。若是期待所选择的每个解决方案和精心设计的新脚本，都能一举中的、顺利奏效，那就显得太不切实际了。

　　如果执行改写后的教养脚本，没能得到孩子积极正面的反馈，父母千万不要因此就感到沮丧或愤怒。有时候迟迟未见到期待的结果，有的父母就很悲观，叹着气说："我们试遍了所有能想得到的方法，但是没有丝毫效果。"

　　正因为没有盼到预期的结果，所以父母更要接受这个准则：如果新脚本一开始不成功，那就再试一次。事实上，有些解决方案看似很简单，却会在执行的过程中失败。为了面对可能出

现的失败，父母应该做好心理准备，自问："如果这个方法无效的话，怎么办？我有备用计划吗？它是什么？"

如果父母想传达给孩子"错误是学习教训的好机会"的观念，那么父母就必须以身作则，展现从错误中学习的智慧。在受挫力的思维中，主要的特色之一就是"错误是可以从中学习的经验"这种信念。

可以随时调整脚本

几乎所有关于发展受挫力的理论，都强调要把重点放在可以掌握的部分。因为，投注大量的时间和精力，企图改变自己无法掌控的诸多情况，最后只会为自己带来更深的恼怒及绝望。

不过，如果父母不喜欢这个脚本，就不必照着走下去。父母不必借口"等孩子改变"后，再来追求自己和孩子的快乐。反而，父母应该了解"反省自己的应对之道，将使自己受惠最多"的概念，也就是说，快乐就掌控在自己手中。

父母要做到"控制自我"原本就很困难了，又何必费心去控制孩子呢？父母应该做的是，通过改变自我的言行，引导并指点孩子。如此，在培养孩子挫折忍受力时，父母才能成为孩子的好榜样。

第五章

接纳孩子的本性，才能
设定正面教养脚本

父母对孩子无条件的爱，是成功培养孩子受挫力的基础。也就是说，不论孩子的本性如何，父母都应该要接纳，即使孩子的本性不符合父母的期待。

接纳孩子的本性，这到底是什么意思？接纳，为什么是成功教养的必要元素？它如何影响父母对孩子的期望和目标？又为什么有那么多的父母发现，接纳孩子的本性很困难，并且会陷入"我接纳你，但是……"的陷阱中？

这些父母会说："我明白每个孩子的天生气质都不一样。"但是过了一会儿后，便又补上一句："我对每个孩子的爱是没有分别的，对他们的期待也都一样。"

以相同的一种方式教养不同孩子，并以同样的期望和目标要求每个孩子，这既非公平，也非接纳。真正的公平与接纳，是依据孩子不同的天生气质与需求给予不同的教养方式。

接纳是培养孩子受挫力的基础

孩子一旦感觉到父母完全接纳自己的本性后，便会产生比较强的安全感与自在感。接纳的基础是无条件的爱。它提供一个强化受挫力的环境，令被接纳的孩子在与人交往、寻求帮助、学习如何解决问题时，都会觉得很安全。这些孩子清楚地知道自己拥有哪些能够改变生活的能力，也不会过度专注于自己无法控制的事物。他们有勇气冒风险改变自己的负面脚本，处理错误与失败，并发展出乐观积极的人生观。

但是父母必须切记一个重要原则：接纳不等于让孩子随心所欲、为所欲为，也不是对孩子毫不约束。相反的，孩子会因为感到自己被接纳，而更愿意接受父母的要求与限制。这些要求与限制，都是孩子在父母满满的爱与支持下接收到的。

接纳就是承认孩子从出生的那一刻起便具有独特性。虽然每个孩子都有某些相似的特质，但唯有接纳并呵护孩子那些独一无二的特质，才是培养孩子受挫力的基础。

这种特质包含了孩子与生俱来的禀性。有些孩子非常能适应环境的变化；有些孩子一遇到生活常规或次序稍一被改变就变得很不安；还有些孩子则天生就难以被取悦。随着孩子的年纪增长，这些本性上的差异，也会影响他的学习方式、做事情的态度、交朋友的难易度，甚至会影响他的反省能力、问题解决力与价值观等。

承认并接纳孩子的天生气质

由于每个孩子的天生气质都不一样，因此，"接纳"便成为有效教养的重要因素。

著名心理学家斯特拉·钱斯与亚历山大·托马斯，在儿童发展、天生气质与教养实务上，贡献卓著。他们研究发现，每个孩子的特质都有明显差异，这种差异会表现在孩子回应父母或环境的方式上。

有些婴儿白天活跃，有些婴儿十分安静；有些婴儿整天都很开心，有些婴儿则不停地闹情绪；有些婴儿面对环境变化时显得轻松自在，有些婴儿则是一稍有变化便精神紧张；有些婴儿对碰触和声音很敏感，有些则对声音大小或碰触没什么反应。

这两位心理学家表示，孩子的天生气质大致可分为三种类型，分别为"顺从型""慢半拍型"以及"磨人型"。这样的分类虽然略显粗糙，毕竟不是每个孩子都完全符合其中一类，但是绝大多数孩子都可以被分别归到其中一类，或同时归属两类。不过，重点并不在于如何将孩子分门别类。

两位专家的研究所要强调的重点是：承认并接纳孩子与众不同的天生气质。父母若无法承认并适当回应孩子本性上的差异，便很难教养出越挫越勇的孩子；若不懂得欣赏孩子的独特气质，就很容易对孩子抱持过多期望，导致压力更大、挫折更多、冲突更频繁。

顺从型孩子

这种类型的孩子是典型讨人喜欢的孩子。通常，他们的父母会自认为自己在教养工作上十分成功。这种类型的孩子顺从、随和的本性就像是"世界最佳父母"制造机，让父母可以很骄傲地带着孩子上餐馆、逛街和旅游，好似在向世人宣告："你看，这就是教养孩子的方法。"

在求学的过程中，这类孩子的父母会乐于参与学校的活动，也会听到老师和其他家长对孩子的赞美。在父母的眼中，这种类型的孩子心性稳定，很快就学会行为规范，很容易被取悦与安抚，同时也是一个社交高手。无论是在智能，还是学业上的表现，他们都能满足父母的期望，带给父母喜悦。

慢半拍型孩子

这种类型的孩子由于面对陌生的人、事物与环境，常需要更多时间去适应，因此这类孩子常被认为个性害羞、小心翼翼。

尤其是在面对新状况时,这类孩子的态度会显得犹豫不决。例如,进入不熟悉的公共场所时,他们会紧贴在父母身边;遇到陌生人向他们打招呼时,他们的目光会望向他处;他们会给人一种不喜欢交朋友的印象,那是因为他们有社交焦虑感;从事新的活动时,他们会先观察别人怎么做,然后再动手。

在父母的眼中,这类本性慢半拍的孩子重秩序、不喜欢冒险,日常作息只要稍有改变,便会引起他们的焦虑和退缩。日常生活中只要出现一点小小波动,似乎都会激发他们"迎战或逃走"的亢奋情绪,任何不平常的经历都会将他们推到压力的边缘。

磨人型孩子

这类孩子在教养上最令父母费心劳神。他们跟顺从型孩子正好相反,似乎一出生就告诉父母:"我是来折磨你们的,你们做好准备了吗?"

这类孩子的情绪起伏很大,总是闷闷不乐,但又常常对许多状况反应激烈或过度反应。在他们的眼里,好像没有一件事情是有趣好玩的。在饮食起居上,他们会较慢地发展出固定习惯;他们的敏感程度也可能不输给慢半拍型孩子,哪怕只是一个衣服上的小商标摩擦到他们的皮肤,都能够让他们闹上半天的脾气。

这类孩子的父母经常会无奈地表示,明明只是对孩子说话大声一点而已,孩子的反应却像是遭到父母虐待一样,只差父母没有被指控家暴了。他们对"陪伴"的需求无度,往往降低了父母接纳他们本性的意愿。

在父母的眼里，九岁的小升是个索求无度的孩子。爸爸表示："小升是一个很磨人的孩子，从他出生的第一天起就非常难带。我们爱他，但不论我们怎么做都无法满足他。"

但是，小升却经常对妈妈抱怨说："爸爸一天到晚都在加班，都没有时间陪我。你们都一样，都不陪我。"

妈妈不认同地说："宝贝，妈妈几乎每天晚上都陪着你呀。"

小升反驳说："可是你会跟你的朋友打电话啊。"

磨人型孩子常常缺乏时间概念与自我调节能力。以小升为例，因为无法正确估计时间，又对父母的陪伴需求无度，导致他觉得一通电话的时间等于一整晚那么久。

解决孩子这种需求无度的问题，比较好的方法是跟孩子一起制定"亲子时光"，让孩子充分感受到，他会得到父母"非常充足"的陪伴时间。

身为父母，你是否知道自己孩子的天生气质类型？你又是如何回应这些天性不同的孩子呢？请记得，与其给孩子贴上类型标签，不如接纳孩子的天生气质，如此你才能针对孩子的气质，制定适合且正面的教养脚本。

接纳的是本性

许多父母都理解接纳孩子本性的重要性，但要他们真心接纳孩子的本性，而非接纳心中对孩子所期待的特质时，他们的心里便会出现拉扯，并陷入"我接纳你，但是……"的陷阱中。

十三岁的小灿成绩表现平平，个性害羞，也不擅长交朋友，他甚至曾在教室的垃圾筒里放火，差点就酿成火灾。他的姐姐在学校里是个风云人物，个性随和、功课优秀、人际沟通能力强，运动竞技也很出众。

父母对小灿一向就只有责备、少有赞美，而且每责备小灿一句，就赞美姐姐一句。每一句话都在告诉小灿："你为什么就不能学学姐姐呢？"

其实，在父母的眼里，姐姐的表现和作风就是他们夫妻俩的童年翻版。他们在求学阶段都是多才多艺的孩子。爸爸说："我在高中时期是游泳队和棒球队的成员，但是我还是能找出时间写功课。小灿现在并没有参加任何课外活动，竟然还找不出足够的时间完成作业。如果他愿意的话，他绝对可以扭转自己的生命状态。"

显然，这对夫妻完全无法理解小灿所面临的困难。他们把姐姐的成功视为自己的功劳，却不愿意对小灿的不佳表现负起一点责任。在他们的眼中，学业表现优秀才是最重要的，其他的都可以被忽视。在一次家庭访问中，老师点出了他们夫妻俩的盲点。

老师问："你们知道有哪件事是小灿擅长的？"

他们露出一脸困惑的神情。

老师又问："那你们知道小灿最喜欢做什么？如果他可以选择的话，他会选择做什么事？"

他们茫然地互望彼此一眼。爸爸说："说到这个，我们倒是有点不好意思了。我们觉得除了读书以外，没有任何活动会重要到他该花很多时间去做。"

爸爸在讲到儿子的兴趣时所展现的态度，足以显示他们夫妻俩无法接纳小灿的先天气质。接着，他有点尴尬地说："他喜欢园艺和照顾植物。如果他成绩好的话，要从事其他活动倒也无所谓。只是，一个十三岁的男孩，怎么会对植物感兴趣呢？"

老师没有反驳父母对小灿的看法，也没有评判小灿的行为是否有问题，因为这不是老师这次来访的重点。这次家庭访问的目的是要协助这对夫妻了解，他们是如何陷入接纳的陷阱中的，是这个陷阱限制了他们对小灿的接纳程度。

因为不愿意面对现实，小灿的父母无法抛开心中那个想要拥有"理想儿子"的魔咒，对眼前的事实视而不见，以致无法接纳这个表现较差的儿子，也不认为儿子的感受、想法和行动是受到天生气质所限制。

小灿的父母所写的负面脚本是如此不可动摇。小灿的父母不愿意去了解并接纳小灿的天生气质，还经常取笑他的兴趣不够男性化，更不满意他在学业、运动上的表现。小灿在教室放火的行为，都是由他对父母潜藏的愤怒所引起的，他同时也在渴求认同及协助。

练习接纳孩子的四个步骤

接纳孩子的本性，这是一种能力，但它并非与生俱来，而是需要通过练习才能获得。父母可以采取四个辅助步骤，帮助自己练习接纳孩子的本性。这些步骤将为父母指引更明确的方向，协助父母设定适当的目标及期望。

一、熟悉孩子在气质、发展和行为上的差异

在这个步骤中，父母要努力练习的重点是：熟悉孩子在气质、发展和行为上的差异，并将所掌握到的信息实际应用在教养上。

许多父母都表示，他们不知道孩子的差异在哪里，也不知道该如何通过所掌握到的信息来教养孩子。即使知道其中差异的父母，也同样会落入"我接纳你，但是……"的陷阱中。

父母若无法体察、了解并接纳孩子本质上的差异，就很容易对孩子有错误的期待，要求孩子做到或具备他们能力不及的行为及技能。在这种情况下，当孩子没有能力达成父母的期待时（例如不要把饮料洒出杯外），孩子便会被认为是故意捣蛋。

九岁的阿德被爸爸形容成"一出生就皱着眉头的孩子"。他总是有办法让父母感到束手无策。他的妈妈气恼地说："好像我们怎么做都不对。除非什么事情都顺着他，否则他永远都不会感到满意。"

阿德有一个哥哥和一个姐姐，分别是十五岁与十三岁。他们个性外向、交友广泛、成绩优秀，更是运动好手。父母每次谈起阿德的哥哥和姐姐，便会骄傲地说："这两个孩子使我们的人生更圆满。"

其实，阿德的父母心里很清楚，是阿德让他们体会到每个孩子的本性都不一样。但是阿德的磨人个性与令人失望的表现，使得他们在谈到阿德时，总是使用"我接纳他的本性，但是……"

的语气，因此阻碍了他们赏识阿德的能力。就连阿德的哥哥和姐姐也抱怨说，真希望阿德没有出生，那样的话这个家就美满多了。

个性倔强又总是摆出一副"我什么都不在乎"模样的阿德，有一天对老师吐露压抑在心里的感受。他眼眶含泪地对老师说："我的爸妈一定也和哥哥姐姐一样，希望没有生下我。爸妈老是说我都不笑，好像很讨厌和他们在一起。可是他们和我在一起的时候也都不笑啊，但是他们和哥哥姐姐在一起时就笑得很开心。我觉得他们根本不爱我。"

阿德的经历正是父母不接纳孩子本性的典型案例。为了打破这种恶性循环，老师要阿德在家时偷偷观察父母和哥哥姐姐在一起时是否笑，并注意哥哥姐姐在父母出现时笑的次数。一个星期后，阿德对老师说，他发现爸妈和他在一起时有几次出现笑容。

阿德说："有一次我跟妈妈讲了同学发生的糗事，她听完后笑得好大声，还说我那个同学真的好糗哦。"

接着，老师要阿德进行第二个试验。这次他不但要逗爸妈笑，自己也要努力地笑。老师甚至还和他一起列出一份"搞笑清单"。

两个星期后，阿德满脸笑容地对老师说："我觉得我的爸妈其实很爱我。他们现在常常和我开玩笑，而且不是嘲笑我哦！"

二、审视自己对"接纳孩子本性"的态度

在孩子刚出生时，父母关注的重点通常是孩子平安健康。然后，在孩子的成长过程中，几乎每个父母的脑海中都会出现

的画面是，自己的宝贝是个聪明、快乐又成功的孩子，而自己则是开明、公平、民主且充满爱心的父母，是符合孩子需求的父母，甚至在痛苦难熬的情况下也不会对孩子发脾气的父母。

这个温馨、欢乐又圆满的家庭生活画面，足以反映出大多数父母对孩子的梦想或期望。梦想终归只是梦想。当父母看到孩子的表现无法达到自己的梦想或期望时，考验就来了。

孩子的天性是否与你对孩子的期望差异很大？你可以接受孩子的本性吗？通过下面这个测试，你可以测试出自己在接纳孩子本性上，属于什么样的父母？

首先拿来一张纸，并将它分成左右两栏。现在，在左边的纸上写下，你期望孩子有什么样的行为与特质；接着，在右边的纸上写下，在现实生活中孩子真实表现出来的行为及特质。你会发现，在某些项目中，你期望的和你实际观察到的，存在着差异。例如，你期望的是一个活泼外向、充满活力的孩子，但实际上，你孩子的个性却是内向、害羞。

接着再拿来一张纸，并将它分成三个字段。左边字段上，写下在你的期望中，你会以什么样的态度对待孩子（例如爱心、耐心、不生气）；在中间字段上，写下你在实际生活中对待孩子的态度；在右边字段上，列举出孩子不符合你的期望、令你始料未及的行为。

这个测试能够协助你更清楚地看到，在决定你对孩子是全心接纳还是满怀失望上，你个人的期望扮演什么角色。

瑞秋独自抚养两个女儿，分别是十三岁的妮妮与十岁的娜娜。她在测试纸上写道，在孩子出生前，她总是梦想着，孩子的个性开朗外向，并且能够轻松自在地与人交往。这个梦想在大女儿妮妮的身上实现了，但小女儿娜娜的表现却不在自己梦想的轨道上。

在测试纸上，瑞秋描述自己对妮妮的表现反应是："她令我感到骄傲、快乐，让我觉得自己是一个好妈妈，我喜欢跟她在一起。"

但是，瑞秋对娜娜的评语却正好与对妮妮的评语形成强烈对比。瑞秋对娜娜的描述是："她令我感到失望，好像我做错了什么事似的。不论我怎么鼓励或生气地催促，她就是不愿意跟人打招呼，这使得我很不喜欢带她出门，以免我在亲友面前丢脸。"

看到测试的结果后，瑞秋对于自己接纳孩子本性的态度不敢置信，她没想到自己对两个孩子的感受差异竟然如此大。看清梦想与现实的落差后，她开始意识到，当初的梦想正影响着她对待女儿的方式，也阻碍了她培养孩子忍受挫折的能力。

直到这时候她才领悟到，自己对孩子所抱有的梦想，其实是一股强大的力量，不但左右了她与两个孩子的互动方式，也让她一直陷在"该改变的是小女儿，不是我"的陷阱里。

三、现实不符合期待时，该改变的是父母

如果孩子的表现完全符合你的梦想，那么你是很幸运的父母，你无须努力调整、改变自己。因为当孩子的表现符合父母的期待时，父母就很容易接纳孩子。但是，当孩子的表现不符合父母的期待时，父母就必须先改变自己接纳孩子的态度。

在大多数的情况下，如果希望孩子改变某些行为，父母必须先有改变自我思维及态度的勇气。父母一旦了解到对孩子的期待可能不符合孩子的天生气质时，接下来要思考的是，自己可以为孩子做什么样的改变，好让自己的期待更贴近实际，同时让孩子清楚感受到被接纳。

在察觉到自己对小女儿娜娜的失望与抗拒接纳后，瑞秋开始寻求改变自己态度和行为的方法。她首先调整的是自己对娜娜的期待，她必须接受娜娜而非妮妮，因为娜娜可能永远都无法像姐姐妮妮一样开朗活泼又有好人缘。

瑞秋不再像以前那样，老叮咛娜娜要"开心点"，也不会再当着别人的面提醒她要"微笑着跟人打招呼"。她以同理心的态度向娜娜保证："妈妈知道你跟别人在一起时会感到不自在。我们以后不会再勉强你和别人打招呼了，等你长大后，可能就会找到跟人自在相处的方法。"

瑞秋也开始注意并强化娜娜的长处。娜娜对人虽然冷淡，但却很喜欢动物，于是她教导娜娜如何细心地照顾宠物，并且制造机会让娜娜与其他喜欢动物的小朋友或大人交流。她发现，只要是有关动物的话题，娜娜总能很自在地与人交谈，人际关系也因此渐渐变好。

父母必须把自己对孩子所抱持的期望与孩子是个独立个体的事实分开来看待，绝对不要把自己对孩子的期待硬套在孩子身上。那些盲目地坚持梦想或期望，无法正视及接纳孩子本性的父母，必须有改变现状的见识和勇气。

四、与孩子建立合作伙伴关系

拉近梦想和现实之间的距离很重要。与孩子建立合作关系，确立适当的目标，才能真正缩短梦想与现实的距离。因此，尽管在现实不符合期望的时候，父母也要先调整自己的态度，但这并不表示孩子应该置身事外。当学会接纳孩子的本性，看清孩子的独特气质，并开始改善亲子关系时，父母就会比较容易和孩子一起讨论适当的目标及期望。

掌控自我生命的感觉、自我纪律的发展以及问题解决的过程，都是受挫力的核心要素，同时也都能通过孩子的参与、亲子间通力合作，提升建立目标和解决问题的效果。而与孩子建立合作伙伴关系的有效方法，就是接纳孩子的本性。

例如在前文中所提到的小宇，做什么事情都容易半途而废。父母于是利用小宇想要学习高尔夫球的机会，与他沟通他做事情总是三分钟热度的问题。在沟通的过程中，小宇父母发挥了自制力，努力控制脾气，并鼓励小宇为自己的行为定出清楚、合理的目标，借此强化他的责任感。

许多父母发现，那些能够与父母通力合作的孩子，都拥有为自己定出目标的惊人能力，而且他们所定出来的目标不但切合实际，更是创意十足又充满挑战。当然，有些父母不免担心孩子会对自己设定"太过简单"的目标，这种疑虑通常没有什么根据。事实上，当父母以接纳、支持的态度传达自己的期望时，孩子通常会鼓起勇气，超越那些期望。

06

第六章

帮助孩子累积
成功经验

当看到孩子成功克服各种发展障碍时，相信很多父母都很难忘记那种满足与骄傲的感觉。例如，孩子跨出人生的第一步；学步时跌跌撞撞，却坚持要往前走；组合玩具时一再失败，最后成功地组合起来。这些都是令孩子和父母引以为傲的时刻。

孩子在成长的每个阶段都会碰到挑战，而这些挑战可以为孩子和父母带来成就感。例如，学骑车跌倒时，锲而不舍地爬起来再练习，直到掌握驾驭技巧。这种成功的经验正是建构受挫力的重要元素，促使孩子在面对逆境时越挫越勇，并且珍惜自己的成就。父母应该和孩子一起参与这个过程，随时给予孩子关心与鼓励。

一开始是本能，接着是锲而不舍、坚持到底的精神，为孩子带来了卓越与成功，使他在面对挑战时不会惊慌失措。随着孩子不断累积这样的成功经验，每一次的成功都会更进一步提升孩子的信心，而这种不屈不挠的特质会在孩子的成长过程中，形成个人的特长。在这个特长形成的过程中，父母务必切记，要持续地强化这个特长。

在帮助孩子积累成功经验并强化特长时，父母通常会遭遇到四种不同的阻碍。父母可以从这四种阻碍中，学习到四种强化孩子特长的法则。请记住，父母和孩子对成功的看法，会直接影响到孩子的受挫力。

具备受挫力的孩子，通常拥有较强烈的自尊心和自信心。他们自认可以掌控个人生活，并相信可以在合理范围内掌握自己的命运。他们认为，个人生命中的一切事情，在很大程度上和他们自己的抉择密切相关，成功缘于自己的努力和能力。

累积成功经验的四种阻碍

在帮助孩子累积成功经验并强化特长时，通常会遭遇四种阻碍。父母可以从这四种阻碍中，学习到四种强化孩子特长的法则。请记住，父母和孩子对成功的看法，直接影响孩子的受挫力。

一、无法感受成功的喜悦，变得消极悲观

天生气质会影响孩子的外在行为，也会妨碍孩子对成功的感觉。基于某些无法解释的原因，有些孩子从小就感受不到成功的喜悦，尤其是那些情绪严重沮丧的孩子。不过，许多情绪并不沮丧的孩子，也一样会抱着悲观的态度看待这个世界。对于这些孩子为何如此受到悲观心态的牵制，比较好的解释就是天生气质所致。

在老师的眼里，五年级的小安拥有比一般同学更高的智商，但是因为患有学习障碍，在老师的专门辅导下，他的学习才勉强跟得上其他同学。不过，他的学校生活并不太糟。因为运动天分极佳，他很受同学的喜欢。在体育课玩分组比赛或游戏时，大家都希望和他同一队，而且他是队长的不二人选。虽然如此，他一直以来却都无法感受到成功的喜悦。

有一次老师问他，觉得自己最厉害、最成功的事情是什么时，小安却回答说他什么事情都做不好。

"怎么会呢？"老师说，"可是老师发现你在某些方面很擅长啊。"

"我没有任何擅长的事情，我什么都做不好啊。我爸妈也这样觉得。"小安沮丧地说。

"嗯，老师也觉得，你是我见过的第一个最擅长什么事情都做不好的孩子。"

小安还没弄清楚这句话的意思，老师便接着说："为了证明这点，我们就来列出一些任何人都可以轻松做到的事情，然后我们再来看这些事情是不是你都做不好。"

小安立刻说："我的功课不好，其他的表现也不好……"

老师打断他的话，拿出纸和笔，并说："回家后请你的爸妈帮忙，仔细地写下你认为大家都可以轻松完成，但你却做不到的事情。一个星期后，要把单子交给老师哦。"

一个星期后，小安带来一张单子，上面写着几个项目，而且都是他擅长的项目。他大声地对老师说："我知道我最厉害的事情是什么了！"

老师问："你确定知道自己的特长是什么了吗？"

他指着列表上的第一个项目，很骄傲地告诉老师："我的特长就是，我是全家人当中能够用最快的速度把我妈妈惹火的人！"

在小安的观念里，他觉得成功是自己无法掌控的东西，因此即使他在运动方面表现出色，也无法对这样的成功感到喜悦。这样的观念使他养成消极悲观的态度，并认为自己根本就是成功的绝缘体。

二、否定自己的能力

有些孩子确实没有能力应付日常生活中的各种挑战。由于一直以来不曾体验过成功的感觉，因此他们看轻自己的能力，并认为自己的成功是靠运气或命运。当孩子的悲观态度来自先天气质时，他必然会经常碰到这类阻碍，尤其当他努力体会自己能做什么时，这样的阻碍会变得更大。

　　九岁的珊美有学习障碍的问题，以致学习成绩差。不过，她的父母最担心的并不是她的成绩，而是她"贬低"个人能力的倾向。

　　妈妈说："除了数学科目之外，她其他科目的成绩都不理想。但珊美总是说，数学考得好是因为她运气好，并不是因为她的实力好。她真的很悲观。"

　　爸爸说："一开始，我们以为是因为对她的要求太高了，当她达不到我们的要求时就开始找借口，好让我们降低要求标准。后来我们渐渐发现，她并不是真的认为自己能力不强，而是没有自信，她认为所有的成功都是靠运气。"

　　妈妈表示："她不只在学校如此，在家里也是这样。"妈妈提起某天在家里发生的一段小插曲。"那天她和她的一位同学在家里玩大富翁游戏。当她赢了某一回合时，她对那位同学说她只是运气好而已。"

　　珊美的同学离开后，妈妈问她："宝贝，你有没有想过，每次你赢了，并不是因为你运气好，而是因为你真的很厉害？"

　　珊美闻言生气地反驳："我一点都不厉害！我只是侥幸而已！"

　　妈妈问："你为什么会这么说呢？"

　　珊美回答："因为我不知道下一次还能不能做到这样。"

低度受挫力的孩子，会习惯以各种理由看轻自己的特长。也有些孩子因为天生气质与经验使然，会猜测父母对自己有着极高的期待（其实父母并未给他如此大的压力），在担心达不到如此高的期待时，便会在不知不觉之间贬低自己的特长。

本案例中的珊美便一直认为自己的能力差，没有特长，所以她认为成功都只是因为一时的幸运，而非实力的表现。像珊美这类的孩子，在学习上辛苦努力却不见好结果，又无法拥有成功的体验，很容易便因此而产生"自我贬低"的心态。即使父母与师长尽心协助这类孩子，依然无法去除烙印在他们心中"技不如人"的想法。

在珊美的认知里，偶然的成功其实只是因为好运罢了。正因为她从心底里认为自己是个失败者，所以总是把成功视为运气使然，一直无法培养出特长与受挫力。

为了扭转珊美的错误心理，父母不再尝试改变她这种"成功是因为运气好"的观念，反而表现出认同的态度，好使女儿听进去不同的声音。渐渐地，他们发现珊美对于成功的认知有了小小转变，但每次得到父母的称赞时，她依旧否定自己的能力。

爸爸对珊美说："我们知道你一直觉得你表现得好都只是因为好运。但是，你知道我和妈妈是怎么想的吗？"

珊美摇摇头。

爸爸说："我们认为，当你玩游戏赢了或在其他方面表现出色时，那绝对不只是因为运气好而已，那是因为你天生就是个游戏高手，或者是你努力研究的结果。"

珊美说："我不知道是不是这样。"

妈妈说:"我们不希望你有成功只是因为运气好的想法。你知道为什么吗?"

珊美问:"为什么?"

妈妈说:"如果你觉得一切好表现都是因为走运,那你就不能真正体验到成功的喜悦,也就无法产生做事情的热情,更没有办法对以后的表现有信心。你看,你明明在许多方面都表现得很好,但是你一点都没有感受到乐趣,这样不是很可惜吗?"

爸爸说:"除了走运之外,是不是还有其他因素呢?这个问题值得你好好想一想。"

珊美答道:"我会想想看。"

珊美终于接受父母的说法,愿意从不同的角度思考问题。父母看到珊美的转变也感到很高兴,并打算向老师说明这件事,希望老师能一起协助珊美改变看事情的态度。

三、设定超出孩子能力的标准

对于孩子的学业表现,有些父母认为孩子"尽力"最重要,成绩其次;有些父母则把"成绩好"奉为最高宗旨。当然,父母应该要鼓励孩子全力以赴,但同时也不要忘记,成功不纯粹只是完美的"分数"表现,它还包括许多与分数无关的经验。如果希望孩子成绩更好,就应该协助孩子满意自己努力得来的分数。

一些父母总是无法理解,孩子为什么对"表现好"如此不在乎。遇到这种情况,父母应该观察孩子在成长过程中所遭遇的挑战,也就是上述的两项阻碍。当确定孩子表现不佳与其天生气质无关，而是由负面的教养方式所导致时，父母就应该审视并调整自己的教养方式。以前文中所提到的亚莉为例，她的成就感低便是因为父母设定了过高的标准。

亚莉一直不明白一件事，就是不论自己的学业表现再好，父母永远都不满意，而且还一再要求她要达到他们期望的标准。她甚至发现，当她拿到好成绩时，父母就会觉得他们是个好父母。但是，她真正期待的并不是拿好成绩，而是父母能够"真正地"爱她，爱她的本性。

对亚莉而言，成功只是换取父母认同与接纳的工具，而为了得到父母的认同，她就得努力超越个人的能力，然而这样做却令她感到越来越不满。尤其在尽了自己最大的能力后，却看到父母露出不满意的神情时，即使她觉得自己表现很棒，也无法感受到喜悦。

四、成功的定义由父母单方面界定

在前文中所提到的小灿，也遭遇过类似亚莉的困扰。父母对他的要求与期待是出于好意，但却成了他感受成功经验的障碍。虽然他感觉学业的压力沉重，却从照顾花草的活动中找到快乐。这是少数能够为他带来快乐和成就感的活动之一。可惜的是，他的父母并不认为这是正经的活动。

小灿在园艺活动中所体验到的成就感，往往因为父母一个皱眉的动作而立即消失。父母对成功的定义，剥夺了小灿在园艺领域的成就感与满足感，也相对加深了他的挫败感与愤怒，当然也就更难培养小灿的挫折忍受力。

引导孩子体验成功的四个准则

在发展个人特长与受挫力的过程中，小安、亚莉、小灿、珊美这几个孩子的共同点是偏离了成功的道路。

成功经验是培养孩子受挫力的重要养分，也有助于孩子克服生活中的压力和挑战。然而对小安和珊美来说，成功并无法为他们带来内心的平静与满足，因为他们认为成功并非缘于他们个人的能力，而是外在力量。可见，如果成功无法为孩子带来更多成就感、喜悦，就无法让孩子强化信心和掌控自我，则成功必然不利于培养受挫力。

父母必须知道阻碍是什么，才能设法加以排除。前提是，父母必须坦然地接纳与理解孩子的本性和生活经验，要客观地审视自己对孩子成就的看法，更要对孩子抱持同理心，找出孩子追求"虚假成功"的原因。

在排除了这些阻碍后，父母才有可能为孩子提供可以成功的机会，协助孩子体验成功的喜悦，进而引导孩子发现"个人特长"，并提高孩子的挫折忍受力。具体做法是，客观审视前文里所提到的几种阻碍，并力争做到以下四项准则。

一、公开赞美孩子的好表现

孩子在成长的过程中，一定会碰到无数挑战。这些挑战在大人的眼中也许不算什么，但对孩子来说克服挑战却是非常重要的成就。父母必须学会赞美孩子的这些成就，但并不是要告诉孩子他未来一定会成为某个名人，而是要用符合实际情况的语言来表达对孩子的支持与热爱。

公开赞美孩子的成就，是引导孩子体验成功的简单方法。例如，把孩子的作品挂在客厅墙壁上或贴在冰箱上，表达对孩子的鼓励与支持。或者，当孩子帮忙完成某项家务事之后，给孩子一个感谢的拥抱，让他们体验到成就感。这些正面的语言与肢体动作，不但会让孩子感觉到被爱，同时也传达了父母接纳、赞赏孩子的信息。

简单一句话或一个肯定的动作，就是能使孩子感受成功的基础，让孩子在大人面前自信地觉得自己优秀又杰出。因此，即使一路上会遇到许多障碍，父母也要不断地给予孩子支持和鼓励。

二、称赞孩子努力解决自己的问题

有些孩子为了转移失落的感觉，会把负面活动当作体验成功的目标，而且在这些活动上表现得非常成功。这种类型的成功只会令孩子产生虚假的安全感，却不利于培养孩子的挫折忍受力。在此虚假安全感下，看似孩子的自尊心很高，但却是空洞的、虚假的自尊心，和挫折忍受力完全不同。

想要成功引导这类自尊心低的孩子，父母要以两种方式来强化孩子的自尊心：一是对孩子所做的努力给予正面评价；二是称赞孩子能够自己解决问题。第二种方式尤其重要。父母越是让孩子知道自己拥有解决问题的能力，孩子就越能落实这种受挫力的重要特质。下面的例子就是小毕的父母如何肯定小毕所制作的手工作品。

小毕的暑假作业之一是要完成一件手工作品。小毕决定废物利用。他找到一只旧袜子、一件自己婴儿时期穿的红蓝色衣服，然后在妈妈的指导下，两人合力制作了一套小骑兵服装。

这件作品获得老师满满的赞赏，还将它摆在教室的玻璃柜中展示了一个星期。后来，小毕的父母又将它摆放在客厅最显眼的地方。每当有亲朋好友来访时，他们便会当着小毕的面说："这是我儿子的杰作。"

要让孩子感受到强烈的成就感，父母绝对要牢记一个重点——孩子能够发挥自主性。也就是说，在协助孩子做事情时，父母必须拿捏得当，随时准备协助孩子，但千万不要代劳。如果孩子认为最后的成果并非自己努力所得，而是由父母完成的，自然就不会把成功归因于自己的努力付出，也就无法体会成功的感觉。

三、打造能强化孩子特长的环境

在培养孩子的挫折忍受力上，父母应该时时为孩子累积成功经验，提升成就感，而非固执地对孩子定下高标准，削弱孩子的斗志。

父母应该把焦点放在孩子的长处上，而不是一味地批评他的短处，因为孩子只有通过自己的长处，才能找到成就感。也就是说，父母必须设法突显孩子的各种长处，帮助他获得成就感，以达到累积成功经验与培养受挫力的目的。

理论上，父母在为孩子设计教养计划时，要同时列出孩子的长处和短处，以便于打造积极正面、强化孩子特长的环境。

父母除了设法纠正孩子的短处以外，还要多规划能够突显孩子长处的活动，以提升孩子的受挫力和强化孩子的学习动机。

一些缺乏自信与自我价值感低的孩子，会将自己困在"缺点海洋"中，认为自己只有缺点、没有优点。但父母则必须了解，每个孩子至少拥有某项特长，这项特长可能就是孩子现在或未来获得成就感之源。当找出这些特长并加以提升后，孩子身上就可能产生"涟漪效应"。也就是说，孩子更愿意勇往直前，坦然面对困难与挑战。

要如何制定强化孩子特长的教养计划呢？

你可以在一张纸上列出你认为孩子所拥有的特长，并客观地确认是不是孩子也如此认为，然后就从这些特长项目开始，写出强化这些特长的方法。

艾妮的故事，便是妈妈与老师利用成功经验培养孩子受挫力的实例。

艾妮经常对人出言不逊，在学校里更是常常动手打同学，并且认为一切都是别人的错。她一再怪罪别人必须为她的问题负责，不论妈妈怎么与她沟通，她都坚持不肯讨论自己的问题。

对于女儿的固执与叛逆，妈妈感到束手无策。当妈妈与辅导老师谈及此事时，辅导老师问她知不知道艾妮有哪些特长。

妈妈说："她最拿手的是游泳，上一年级时她就被选入学校的游泳队。"

辅导老师问："她在游泳队里的表现好不好？是一个好队友吗？"

妈妈表示："她的泳技真的很厉害，但是个性叛逆，经常不听从教练的指挥，也会对队友咆哮。这让教练差点把她踢出游泳队。"

有一天，某个队员对艾妮口出秽言，艾妮气愤之下动手推倒对方，没想到那名队员的小腿被一旁的器材割伤，伤口又深又长，被紧急送到医院治疗并缝合。虽然那名队员没有生命危险，但一个月内都不可以下水接受游泳训练。

校方通知艾妮的妈妈到学校开会，并对艾妮做出严厉的处罚，一个星期内禁止她到学校，并且禁赛一个学期。另外，她必须接受辅导。

艾妮的确被这次的事件吓到了，叛逆的个性收敛了不少。在妈妈的陪伴下，她开始接受每星期一次的辅导。她对辅导老师说了许多事，包括对重组家庭的继父的怨愤。

辅导老师提议："你要不要和我们谈谈游泳队发生的事？也许我们可以帮你想办法改善情况。"

艾妮生气地说："是那个同学先骂我的，否则我也不会推她。"

辅导老师回应说："换成是我被那样乱骂，我也会很生气。但是，如果你想继续留在游泳队受训的话，就不能惹麻烦。所以你得学会更有效的解决方法。或者，你打算放弃游泳了？"

艾妮猛摇头说："我要游泳。游泳会让我觉得自己很厉害，也会得到教练很多的称赞。等我恢复比赛资格的时候，你们来看我比赛，就会知道我有多厉害了。"

辅导老师坚定地说："那就再好不过了。我老早就听说你是个游泳天才，我绝对不会错过这个机会的。"

比赛当天，辅导老师与艾妮的妈妈都到游泳池边为艾妮加油，看她那无人能及的表现。

到了下学期，艾妮升为学校游泳队的助理教练。更令人感到惊喜的是，国家游泳队的教练也注意到她的潜力，想要把她网罗到国家队里接受培训。

四、接受孩子的独特天赋与成就

这项准则与前三项准则密切相关。现在，请你再拿出一张纸，列举出你希望你的孩子拥有哪些特长，然后跟第一张表（孩子真正拥有哪些特长）对照，看看孩子的特长与你的期待有多远。

可以想象，绝大多数的父母会发现，两者之间有着极明显的差距。例如，一些父母期待孩子的特长是成绩好、社交强、有艺术天赋、热爱某项运动，但实际上，这些全都不是孩子真正拿手的领域。

请仔细审视一下，你所对照到的那些差距，是否影响了你们亲子互动的质量？是否干扰你察觉并接纳孩子特长的能力？千万不要忽视了孩子敏锐的观察力。当孩子的表现无法达到父母的期待时，孩子一定会立刻察觉到父母所透露出来的讯息。如果父母认为孩子的特长一点也不重要，或者那些特长不是父母重视的领域，孩子会特别敏感。

成功历程值得一再重复

当孩子的特长无法得到父母的认同与接纳时，孩子就无法感受到成功的喜悦，也很难培养出受挫力。不幸的是，大多数的父母对孩子所抱持的期待都与事实不符，导致孩子在成长过程中，会遇到本章所描述的各种阻碍。

　　只有当父母对孩子的期待符合实际时，孩子才能被激励，成功也才会令孩子振奋。孩子的成功通常与其本身的兴趣紧密关联。当孩子认为成功是因为自己的努力和能力时，成功的历程就会开始慢慢展开，并在人生旅途中一再重复。

　　当成功的经验越来越多时，孩子就越能持之以恒且驾轻就熟地追求更好的成功表现，特长也就随之增强，然后自尊心和受挫力也随之提升。在如此良性循环中，随着新的成功体验带来的更多营养，受挫力终将开出璀璨的花朵。

第七章

引导孩子建立"健康"的
犯错观念

"当孩子犯了错或感觉某件事情不对劲时，他通常会有什么反应？孩子又是如何解决错误或问题的呢？"

这是专家针对父母所设计的问题，目的在于评估孩子的自尊、自信以及受挫力的情况。结果发现，比较有效的评估方法之一就是，详细探讨孩子察觉并处理错误与挫折的方式。

以同样都是十岁的明杰和志隆为例。两人都是学校棒球队的队员，也都曾在比赛时被三振出局。

比赛结束后，明杰丧气地对教练说："我又被三振出局了！教练，我该怎样做才会打得更好？"

同样的状况，志隆的反应却截然不同。在第二次被三振出局后，他愤怒地将球棒摔在地上，然后对裁判大吼："你瞎了吗？那一球明明就是坏球，你到底会不会判啊！"

在学习上，他们两人的数学成绩都不及格。在拿到成绩单后，明杰向老师表示："老师，下课的时候我可不可以和你讨论一下，我该怎么把数学学好？"

同样的情况，志隆的反应却很不一样。放学回家后，他对妈妈大声地抱怨："他算什么老师嘛，每次都不告诉我们要考什么。你应该建议校长开除他。"

理解孩子的错误与挫折

对明杰这类具有高度受挫力的孩子来说，他认为错误或失败是学习与累积经验的好方法，可以帮助他更快完成任务，因此乐于接受并面对错误与失败。这类孩子认为父母和老师随时可以提供协助，因此在遇到困难时他们会毫不犹豫地求助。这种类型的孩子拥有一项重要的特质：相信逆境可以为自己带来成长，而且是另一个迈向成功的挑战，所以不必逃避。

被三振出局后，明杰认为如果能得到教练的更多指导，他的打击技巧一定能够提升，并成为一个实力强的选手。做数学测验时他也有类似感受，他认为如果能够改善自己的学习方法，也许可以获得更出色的分数。

不论是学习或活动表现，当遇到困难时，受挫力高的孩子通常会拥有比较强的意志力，能够坚持到底；当困难的程度超过个人能力时，也具有认知客观局面所需的洞察力和勇气。受挫力高的孩子不但不会气馁，反而将更多的精力投入在能力所及的事物上。因为他们知道，只要自己不断地提升能力，那么现在看似无法克服的困难，未来也许就能挑战成功。换句话说，他们会抱着积极与务实的态度面对困难，对于未来充满了希望。

反观志隆，在面对同样的逆境时，他的反应却与明杰完全相反。他认为，错误是因为能力不足或信息不足，是难以轻易被改变或修正的。若按照心理学家塞利格曼的说法，像志隆这种类型的孩子总是认为："无论我做什么，最后一定徒劳无功。"

这类孩子总是怪罪别人，为失败找借口，甚至充当班上的小丑或恶霸，因为他们认为不论自己多么努力，最后都会白费力气，于是变得不肯再尝试。

在学校里，元浩就像一个小恶霸，经常对同学言行粗暴；在家里，他叛逆又阴郁，让父母不知该如何管教。每天早上到学校时，他会踢第一个出现在他眼前的同学，因为对方挡到了他的路。这个行为让他经常进出校长室，而且多次被罚留校察看。

由于对元浩已经束手无策，父母只好寻求专家协助。与儿童心理医生深谈后，他们发现，元浩因为有学习障碍方面的问题，在学习上会出现注意力不集中的现象，他一踏进学校就倍感压力沉重，所以选择逃避。

父母表示，元浩在五岁的时候曾因为疝气的问题接受手术，虽然手术很成功，但元浩却始终摆脱不了这个阴影，总认为自己天生就有缺陷。他甚至生气又难过地对医生说："反正我天生就是个笨蛋，不论怎么努力都没有用！"

显然，元浩将他的错误和失败归咎于先天问题，而且根深蒂固。父母若想要成功地培养这类孩子的受挫力，就必须设法纠正他的负面自我评价。

理解错误与挫折，以及如何采取应对方法，都是培养受挫力的重要元素。因此，父母必须深入了解孩子悲观态度背后的原因，只有这样才能帮孩子建立"错误不但可以被纠正，而且也在预料之中"的观念。

无法正面看待错误的四个障碍

很多孩子都有无法感受成功，或者无法以成功获得满足感的问题。诸如此类的障碍，常常会阻碍孩子察觉自身与未来相关的技巧或能力。

其实，错误或挫折是一个能提供有关未来成就的重要讯息。然而许多父母却因为以下的障碍而无法有效传达这个讯息。在细读以下这些障碍之后，父母也许能够从中看到自己与孩子的问题，进而体会到改变的必要。

一、先天气质的影响

每个孩子都有其独特的个性。这些个性不但会影响孩子与父母的互动，也会左右孩子认识世界的方式。在面对与成功有关的各种矛盾与冲突时，有些孩子因天性使然，会对"错误"产生强烈且负面的反应，挫败感因此油然而生，进而自暴自弃。

因为过于追求完美，九岁的丹尼做什么事情都很容易气馁，都无法坚持到底。一旦犯了错，他就把所有过错归咎到别人身上。他无法接受错误，更不可能从错误中学习。

最近，丹尼如愿地让父母给他买了一组火车模型。他对父母信誓旦旦地说他绝对可以把它组装起来，然而最后却失败了。当听到爸爸对他解释说必须先等胶水干了，或者某些零件组合错误时，他很不高兴地回答："这个胶水本身就有问题，它的质量太差了。"

第二天早上，妈妈在打扫房间时发现那个火车模型已经躺在垃圾筒里了。当爸爸知道丹尼的所作所为时，他非常生气，并说出了让自己事后感到后悔的话："你总是这样轻易地放弃，总是不愿意为不顺心的事情负责，做不好事情的时候你只会怪东怪西，就是不肯从错误中学习。你到底什么时候才会长大？"

丹尼大声反驳道："这都是你的错！如果你帮我买好一点的胶水，我就一定可以顺利拼装火车模型。"

不论在学习上或生活上，丹尼的父母从来不给丹尼任何压力，也看不懂丹尼为什么会这样。但当听到医生说，丹尼凡事要求完美却又无法面对错误的性格，都是由天生气质所导致时，丹尼的父母才释怀。他们想起丹尼从学步时期起就是这样，很容易因为事情不符合自己的期待，便感到挫败和气馁。例如，他只要发现积木没有排列整齐或倒了，就会显得非常懊恼。

医生同时还提醒父母，无论决定怎么做，都必须耐心等待，而且一定要对孩子抱持同理心，不要一味地生气和责怪孩子。但这不表示父母得凡事迎合丹尼的意见，相反的，要表达对孩子的行为感同身受以及想要了解孩子对事情的看法。

以组合火车模型的故事为例。当丹尼表示自己可以组合时，父母的回答应该是："你想要自己动手真是太棒了，不过这件事情对许多孩子来说都有点困难，所以如果你需要帮忙的话，我们很乐意随时帮忙哦。"

如此一来，一方面可以让孩子事先有心理准备，知道这不是一件容易的事情，一旦在组合的过程中遇到困难，就不会受到过大的打击；另一方面，也让孩子知道他可以随时向父母求助，父母会很乐意伸出援手。

二、父母的否定评语

当听到孩子被问"当你犯错或失败时，你的父母会有什么反应？"时，有些父母会开玩笑地说："请不要问我的孩子这种问题，我可不想让你们知道我的反应。"

父母若想让孩子明白"错误"是学习的一部分，那么回应孩子犯错的方式，应该要以教育意义为前提，解决问题为最终目标，而不是羞辱并责怪孩子犯了错。

有时候，即使是出发点好的父母，回应孩子犯错的方式也会产生反面效果。原因之一是，这些父母忽视了自我调适的重要性，以致一直无法摆脱习以为常的"负面反应"方式。

十岁的旭佑在运动场上是个风云人物，他最喜欢也最厉害的运动项目是棒球。但是，在某场比赛中，他因为漏接了一个关键性飞球，所以他们的球队被打败了。

比赛结束后，爸爸就问旭佑："你怎么会漏接呢？"

一听到爸爸的质问，旭佑感到极度惊愕，然后不发一语地转头走开。

第一次看到儿子如此强烈的反应，爸爸才惊觉到，他以为批评儿子的错误就是在帮儿子，但显然事实与他想象的不一样。

似乎很多父母喜欢使用类似旭佑爸爸所使用的方法——把焦点放在孩子的错误上，孩子才能改善和进步。

然而，旭佑的爸爸对儿子的回应方式，就有如随身带着一把刀，随时准备伺机削儿子一顿。他无法看清并强化儿子的优点，反而以批评的语气否定儿子，以致对儿子造成相当大的打击。

爸爸根据自己的成长经验，对旭佑产生不切实际的期待，致使亲子关系中缺乏"接纳"的关键元素，关系也因此变得越来越紧张。在回顾并了解自己与儿子的关系后，旭佑爸爸开始改变他的表达方式，以鼓励代替批评与否定。他的正面鼓励语言超过负面批评，甚至负面批评也渐渐被旭佑认为是"建设性的建议"。

当父母一开始就把焦点放在孩子的错误而不是成就上时，

孩子接收的讯息通常是：错误是不可以被原谅的。虽然爸爸的出发点是好的，但旭佑的感受却是负面的，甚至认定"犯错是非常丢脸的事"。

三、父母对孩子的期望过高

如果父母对孩子设定的标准过高，便会在无形中影响孩子感受成功与错误。父母如果从不曾用心了解孩子的天生气质和能力，只是主观地对孩子抱持高度期待，且设定的标准远超过孩子的能力所及，孩子的表现无法达到所设定的标准，那么父母就会在无意间释放出负面讯息。

父母要如何正确看待孩子犯错或失败？正确的态度是：接受孩子的本性，而不是预设期待。以前文所提到的亚莉的父母为例。在对孩子过度期待的心态下，亚莉的父母对亚莉的成绩表现非常不满意，导致亚莉认为自己的未来只会出现一连串失败。

如果孩子从小就不断地听到父母对自己的负面评价，在不知不觉中孩子就会认为自己的生活、人际关系、学习能力等，都无法达到父母的期待，以致一旦面临真正的挑战时，便会因为缺乏自信而变得更焦虑。如果孩子的表现真的不符合父母的期待，孩子就很容易产生挫败感。在这样的氛围下，孩子不但无法培养出从错误中学习的态度，更会认为错误等于能力不足，必须不计一切代价避免错误。

在父母的眼中，七岁的奈美是个令人头痛的孩子。每当谈到十三岁的儿子和十岁的大女儿时，奈美的父母总是眉飞色舞。

但是一谈到奈美，奈美的父母便立刻变得愁眉苦脸。

每当某件事情不对劲或做不好时，奈美总会抱怨说这太愚蠢了，然后就放弃。事件的导火线就发生在几个星期前。那一天，在父母百般的鼓励下，奈美勉强答应尝试溜冰，但在跌倒两三次之后，她就告诉父母她讨厌溜冰，然后头也不回地离开溜冰场，走到观众席上坐了下来，并开始哭了起来。

妈妈很生气，很想斥责她并命令她回到溜冰场上，但又不想把气氛弄得更糟糕。于是妈妈走到奈美的身边坐下，并对奈美说，如果她对任何事情都不能坚持到底的话，最后一定不会成功。

但是奈美的态度还是和以前做不好任何事情时一样，抱怨溜冰真的太难了，她学不来。当听到妈妈说她不应该做什么事情都只做一半就放弃时，她便指责妈妈偏心，对哥哥姐姐比较好。她甚至还说她知道爸爸妈妈都讨厌她，而且不论爸爸妈妈怎么解释，她都是深信不疑，一再重复说她知道爸爸妈妈讨厌她。

奈美的父母一直无法理解：为什么奈美做任何事情总是半途而废？为什么就不能像她的哥哥和姐姐那样不轻言放弃？她的哥哥姐姐都在四岁时就学会了溜冰，并且在幼儿园阶段就学会了阅读，但奈美到现在仍然不肯拿起一本书。奈美的父母鼓励奈美说，如果她愿意努力的话，一定也可以像哥哥姐姐那样厉害、聪明，但是她总是说她不像哥哥姐姐那样厉害、聪明，然后就开始哭泣。

在儿童心理医生的分析下，奈美的父母不得不承认：虽然他们承认每个孩子各有天性，但在实际的教养过程中，他们并未认真看待与接受这些天性差异。这使得奈美认为自己一定有什么地方不对劲，觉得自己一定缺少成功必备的智慧和能力，所以奈美才会无力控制或改变错误和失败，产生"反正不会成功，为什么还要尝试"的偏差观念。

在医生的建议下，父母开始列出他们认为奈美比较擅长的项目，希望借此帮助她建立更积极的自我评价。此外，医生还提醒奈美的父母要特别注意自己对奈美感到失望时的言行举止，以及他们的善意督促是否让奈美更退缩。

渐渐地，奈美的父母不再拿奈美与哥哥姐姐比较，转而开始关注奈美的兴趣和能力。当奈美的父母问奈美对什么活动感兴趣时，奈美不假思索地回答"体操"。奈美的父母不再像以前那样要求奈美加倍努力，反而告诉她学习体操或其他任何运动项目都难免会跌倒、犯错。这次，奈美表现出不同于以往的意志力，即使不小心跌倒也不喊苦。在找到自己的兴趣之后，奈美整个人变得都不一样了，当面对有些挑战的事情时，她显得轻松自在了许多。

四、想解除犯错恐惧，却越做越错

一般来说，当孩子认为自己所犯的错误无法纠正，或对学习有极深的无助感时，他便很容易因为强烈的绝望感，自寻解决问题的对策。

以前文中的元浩为例。他试着去寻找原因，为什么他每天到学校时，总是不由自主地踹他看到的第一个同学。经过一段时间的仔细观察后，他说出令人印象深刻的答案："我宁愿踹人，然后被送到校长室，也不愿意像个笨蛋一样乖乖地进入教室。"

有些孩子为了避免承受更多的羞辱，会抱着"宁愿使坏并接受惩罚，也不让自己看起来像个蠢蛋"的心态。当孩子以这样的负面行为发泄压力，或甘愿扮演班上的小丑时，父母就必须承认，这些行为根本无法有效处理问题。

当孩子出现这些行为时，通常表示他正承受沉重的压力，而且这些行为出现的频率越高，他排斥他人的举动就会越强烈，越缺乏勇气去面对挑战。这类孩子不但无法提高受挫力，他们还会觉得自己很无能。

面对这些状况时，父母必须冷静、客观地检讨自己对孩子的期待和反应，并自问自己是否真的懂得欣赏孩子的优点，然后协助孩子学习解决问题的方法，一起找到理想的应对之策。

在父母的协助下，元浩能够把错误视为可面对的挑战，而不是唯恐避之不及的压力，积极的行为已经取代消极的逃避行为。

协助孩子面对错误的三个守则

学会运用以下三个守则，父母就能够有步骤地协助孩子坦然面对错误。这些守则的基本概念是，当孩子认为错误并不是否定个人能力，而只是短暂的挫折，更是绝佳的学习机会时，他就能发展出解决问题的能力。

一、成为孩子的学习榜样

父母绝对是孩子学习与模仿的第一个对象。不论是个人的言行举止，还是面对逆境的态度、解决问题的方式等，父母对孩子的影响都是关键且深远的。如果父母做事情半途而废或逃避挑战，那么就无须惊讶孩子也会采取相同的做法。孩子未必会把父母的唠叨、说教听进去，但却非常善于模仿父母的行为。

当被问到"父母对于自己的错误会有什么反应"时，每个孩子的回答都不尽相同。例如：

● 爸爸只要没有办法把家中坏掉的东西修好时，就会生气地大吼，然后责怪我们每一个人。他说，都是我们把东西弄坏的。

● 有一次妈妈不小心把宴客的牛排烤焦了。她非常懊恼地说："现在重烤已经来不及了，看来只能叫外卖。"她向客人解释原因后，便打电话叫外卖。最后宴会圆满结束。我觉得我妈妈真的很厉害。

● 我爸爸妈妈常常为了一件小事，就对彼此大吼大叫，指责对方笨手笨脚。

当听到或读到上述文字时，父母经常会感到惊讶，原来孩子不但观察到很多事情，还会模仿父母不希望孩子出现的行为。事实上，孩子不只会注意父母所说的话，更会注意父母的言行举止。

九岁的小蕊一直令父母感到很头痛，因为每当遇到难度太高的事情时，她就会竭尽所能地逃避。更糟糕的是，在小蕊的影响下，七岁的弟弟安格也有类似问题。这种情况令她的父母很担心，生怕两个孩子会养成遇事就逃避的习惯。为此，小蕊的父母向专家求助并慢慢改变教导孩子的方式。

为了改变小蕊遇到困难就逃避，并希望她学会勇于承担风险，父母送她去上表演课程。父母认为小蕊一定可以胜任。没想到她竟向老师说，她的功课太多，没有时间上表演课。

他们很清楚，只要小蕊愿意，她一定会有时间。但小蕊认为自己不擅长记台词，她要是在台上忘记台词，看起来一定很蠢，所以拒绝上表演课。

妈妈说："每个人都会担心自己出糗，但是如果你只注意自己会不会犯错，就无法享受其中的快乐。"

小蕊看着妈妈，然后说出让妈妈大吃一惊的话："你还不是一样！有一次你在打电话的时候，我听到你说你太忙抽不出时间，没有办法去参加你们社团的演说，可实际上并不是这样。"

妈妈回应："你说得没错，宝贝。我确实不应该说谎，但是我并不是找借口不去参加，而是因为我很不习惯对着很多人演讲。我害怕万一自己在团员面前表现不好的话，会很丢脸。"

小蕊说："我也是呀。我也很害怕万一记不住台词，在台上丢脸了，到了学校会没有脸见同学的。"

妈妈认为，如果自己都做不到的话，就更不应该勉强小蕊上台表演。如果希望孩子能够勇敢面对挑战，那么父母自己就应先成为孩子的好榜样。第二天，妈妈主动联络社团社长，请他帮忙安排演讲的时间。小蕊则是鼓起勇气参加了舞台剧的试演，最后争取到一个有台词的角色。在无形中，她们对犯错的恐惧感，都渐渐地消失了。

二、对孩子的期待应符合实际

如果父母对孩子抱持过高的期待，设定的标准远远超出孩子的能力所及，孩子当然会害怕面对挑战；当孩子从事的活动符合父母的期待，但孩子却显得毫无兴趣或毫无意愿时，孩子便会在不知不觉中养成逃避挑战的习惯，并且认为错误和失败并不是在提供学习机会，而是在否定自己的能力。

九岁的夏莎的故事就是一个这样的案例。

为了迎合父母不切实际的期待，夏莎对于"犯错"这件事越来越焦虑，而更主要的焦虑来源是学校。为此，她的压力大到几乎天天闹头疼，但去医院检查却找不出任何病因。小儿科医生推测指出，夏莎的这个症状可能缘自压力，并建议他们到儿童心理科就诊。

在父母的眼里，夏莎是个"非常不用心"的孩子，在学习上尤其如此，甚至还因为成绩太差而接受智力评估。她的智力测验分数属于"优等"，显示她毫无任何学习障碍方面的问题。不过，评估报告也指出，在测验过程中，夏莎显得非常紧张，不停地询问自己的答案是否正确，而且也很在乎其他同学是否知道正确答案。

夏莎的父母承认，夏莎的确经常出现焦虑情绪，但他们也认为：如果她具备足够的意志力，并能尽情发挥，就可以控制焦虑情绪，也会有很好的表现，更会以自己为荣。

夏莎与医生初次见面时，显得极度焦虑，不太敢直视医生，回答问题时简短又小声，直到见过几次面后才变得自在一些。

医生问她："有人告诉你，有些事情是无法改变的吗？"

夏莎回答："爸妈总是告诉我，不用功读书就没有办法拿到好成绩。我真的已经非常非常用功了，可是成绩还是很烂。看到那种成绩，我就会认为自己真的很笨，怎么都学不会。爸妈总是说我的智商高，是个聪明的孩子。可是我一直在犯错，我觉得自己一点都不聪明。"

在聆听了医生的解释后，夏莎的父母才明白，他们因为不了解女儿的感受而说出让她更焦虑的话。

虽然夏莎拥有不错的聪明才智，但因为某些因素导致了她对自己的负面评价，并连带影响她各方面的表现。这些因素包括她的天生气质、父母的高标准期待所带来的压力等。在这样的情况下，若父母一再地告诉她不要焦虑，只会更强化她的焦虑感，反而令她感到更挫败。

医生对夏莎的父母表示：他们应该做的是，向夏莎强调他们理解她的焦虑与挫败，并且努力与她一起想出减轻焦虑的方法，例如降低对她学习成绩的期待。医生说他们一直都搞错方向了。过去他们对女儿不停地强调"意志力"，并说只要她愿意，一定可以表现得更好。但是夏莎的问题其实与她个人的"意志力"无关，而是父母需要拿出"更实际的动作"，并且与女儿通力合作，想出减轻女儿焦虑的办法，让她不再那么害怕犯错。

当他们降低对夏莎的成绩要求，并鼓励她参与比较有趣的活动，让她的注意力不再全都集中在学习上之后，她的焦虑明显减轻了。虽然她的成绩没有拿到父母期待的Ａ，却一直维持在Ｂ的水平。更重要的是，当遇到挫折或失败时，她不再像以前那样显得非常沮丧，反而变得越挫越勇。

三、让孩子知道"错误是可以被接受的"

培养孩子挫折忍受力的关键技巧就是，在孩子心中深植"错误是生命的一部分"的观念，并借由各种方式向孩子强调，错误不但可以被接受，也是预料之中的事。

传达这个观念的方法之一就是成为孩子的学习榜样，并培养孩子对错误抱持更积极的态度。不论孩子打翻饮料、在户外游戏时跌倒、与同伴发生争执等等，都要教孩子尽量保持冷静，并清楚说明避免犯相同错误的方法。当然，如果父母能够使用幽默的语言，相信孩子会更愿意聆听与接受。

当孩子犯错时，父母回应与正确面对错误的方法，两者同样重要。你会像前文中的小宏妈妈那样，看到小宏无法成功组合玩具时，就生气地嘲讽他吗？当孩子遇到挫折时，你的评语是否会尽量避免负面作用，例如："你总是这样草草了事，你永远也不会成功！""你怎么就不会动动脑筋呢？""早就跟你说了，你做什么事都不可能成功的！"

看到孩子犯了不该犯的错误时，许多父母很容易因为情绪失控而失去理智，对孩子产生了预设立场，认为孩子就是没有学习能力。也就是说，这类父母会认为，错误等于能力不足。

其实，父母与其情绪失控地嘲讽孩子，不如帮助孩子为随时可能出现的错误或挫折，做好万全的准备。例如，爸爸在教导孩子学习骑自行车时，可以这样对他说："不要害怕，我就在后面抓着车子，不会让你跌倒的。等你熟练以后，你就可以自己骑车了。"像这类简单、有力的叮咛，可以让孩子知道，有父母的随时守护，就算跌下来也不会害怕。

当孩子失败或遇到挫折时，父母应该用"孩子觉得有作用的方式”和孩子讨论，如此孩子才能理解到：错误是可以被接受的，而且改进的方法有很多种。

父母在执行计划的时候，可以先问孩子："如果这项计划的结果令人不满意，你打算怎么办？你有备用的计划吗？"

这个问题的用意是要让孩子明白一个事实：任何计划都可能会失败，但未必一定会失败。也就是说，没有任何计划是完美的、必定成功的。只要孩子知道他可以尝试各种不同方法来弥补错误，坦然面对计划可能不会成功的现实，反而能帮助孩子用更妥善的方式与态度面对错误。

培养孩子受挫力的必要条件之一是：父母必须让孩子明白，错误与挫折是每个人都一定会遇到的。父母的责任就是培养孩子越挫越勇的信念："我难免会犯错，但我可以从错误中学习，成为一个更能面对未来挑战的人。"唯有如此，孩子才会更愿意承担生命中的风险，并真正"品尝"生命中的美好事物。

第八章

提升孩子的问题解
决力与决策力

问题解决力与决策力，是培养孩子受挫力的关键。在日常生活中，父母便有非常多的机会引导孩子锻炼这两项能力，帮助孩子加强自我掌控力。

孩子经常会碰到各种做抉择或做决定的机会。父母可以尝试不同的方法，来强化孩子做决定与解决问题的技巧。例如，在前文中提到的做事情总是半途而废、受挫力低的小宇，他的父母后来改变方法，成功引导他履行责任。

问题解决力 vs 受挫力

问题解决力和受挫力，让孩子懂得依赖可控制的事物去面对各种挑战，提高决策力。一旦孩子拥有决定权时，一般就不会再挑战父母的权威。更重要的是，孩子因此学会了预料自我抉择可能面临的障碍，并将挫折或错误视为学习的对象。

孩子没有问题解决力，通常是因为缺少厘清问题、想出对策与排除困难的能力。换句话说，就是一些孩子在面对问题时，茫然失措，无法正确行动。在这种情况下，少部分的孩子可能会因为感到无聊，毫不考虑可能的后果，随兴而为。

由于一些孩子在遇到问题时，不知道该如何思考，也不知道该怎么做，因此这些孩子的行为看起来就像是不经大脑、不考虑后果的举动，最后他们便成为父母、老师眼中的"难缠孩子"。

有阅读障碍问题的凯莉，在学校受到同学排挤，在家中无法分担家务活，就连作业都无法顺利完成。她的父母说，她不论做任何事情都"不肯好好规划"。她总是不考虑后果、冲动行事，而且任由事情自然发展。一旦事情进行得不顺利时，她便将所有的问题怪罪到别人身上。

她的父母举出一些实际的例子。凯莉的同学不曾打电话来家里找她，因为过去和她关系好的同学，都受不了她的颐指气使与高傲态度，逐渐疏远她。她从来不肯检讨自己凡事推诿的不当态度。每次父母想要和她讨论这个问题时，她就生气地说，一切都是父母的错。

现在，凯莉的问题变得越来越严重。她在课堂上无法专心上课，在家里无法专心做功课。当父母询问她作业是否已完成时，她总是说就剩下一点点，很快就可以写完。但其实，她不是草草写完或根本没写作业，就是等看完电视才肯写，然后直到深夜才完成作业。

妈妈无奈地说："她无法专心读书、写作业，又不让我们帮她请家教，然后又拿作业写不完当借口，不肯分担家务活。我们真的不知道该拿她怎么办才好！"

听完心理科医生的分析后，凯莉的父母才明白，女儿的逃避态度也许是由先天气质所致。这个特质导致她无法认清并正视个人日常生活中的各种问题，更使得她在遇到无法应付的状况时，选择"逃避"来作为解决问题的方法。

试想，如果你是凯莉的父母，你将会如何协助她提升问题解决力与决策力呢？以下这个案例也许能对你有所帮助。

乔依也有与凯莉类似的困扰，不同的是，她知道自己有学习障碍，无法很有条理地做功课，所以接受父母的建议，认真听取老师对她学习状况的观察评价，共同找出解决之道。

妈妈指出，在交谈的过程中，乔依多次为自己的不佳表现辩解，承认有些科目确实很难，但她同时也提出了一些她觉得可能有助于解决问题的方法，例如放学回家后她需要先休息一下再做功课。

父母依据她的要求，协助她设计放学后的时间表。她放学回家后可以先休息一下，在晚餐开始前做一小时功课，晚饭后再迅速做完剩余的部分。由于乔依也参与了解决问题的过程（设计时间表），因此她更愿意身体力行。

该如何解决人际关系上的困扰呢？乔依也主动提到，其实她并不讨厌她的朋友，他们也不会令她感到不快乐，或惹她不高兴。当被问到知不知道同学为何不去她家里玩时，她一开始说是因为同学对她不友善，但当被要求再仔细想想时，她却说自己并不确定。

她的父母以同理心的态度，解除了她的自我防卫并达到顺利沟通的目的。从解决问题的角度来看，父母巧妙地为乔依建立起厘清问题与共同解决问题的基础。

例如，当乔依表示不愿意与父母分享观察心得时，父母便说："那么你可以说说，为什么不想和我们讨论观察心得。如果我们一起讨论，可能会更容易解决问题。不然你再考虑看看，也许一两天后你会想要讨论。"

当父母给了乔依喘息的空间后，她反而乐于接受忠告。她并没有等一两天，而是当下就表示愿意和父母讨论自己的问题。当父母举出她对朋友颐指气使的实例时，乔依辩解说她只是提出一些建议而已。但父母却认为，她的方式似乎让朋友毫无选择余地。

听到父母这番话后，乔依并没有翻脸。相反的，几天之后，她自己找到一个看起来很容易执行的好办法，事实也证明它非常有效。她跑去问以前经常一起玩的朋友想要做什么，如果他们还没有想到要做什么，她就提出几个建议，让大家一起决定。虽然她偶尔还是会犯自以为是的毛病，但她已经越来越懂得如何控制自己了。

乔依的父母所使用的方法被证实是有效的。过于细腻与过于粗糙的教养方法，都只会阻碍培养孩子的问题解决力。

提升孩子问题解决力的三个障碍

如何提升孩子的问题解决力？一般而言，父母都会对此抱持某些假设性的答案与方法。只是，这些假设性的答案与方法，有时候反而成为培养孩子做决定与自主能力的障碍，其中影响较大的是以下三个障碍。

一、否定孩子做决定的能力

许多父母并未完全明了及掌握孩子自行解决问题的能力。当面对处于学龄前阶段或天性属于"磨人型"孩子时，父母尤其更容易否定孩子解决问题的能力，有时候未经思考就冲动地为孩子做决定与解决问题。

提升孩子的问题解决力，并不表示父母该把最后的决定权交到孩子手上。在这个时候，父母必须做的是：拟出具体的大原则，然后为孩子找机会，提供适合孩子自己的选择。

如果父母一味地认为孩子没有能力解决问题或做决定，就会延误孩子学习的时机。在这种情况下，父母反而会强行介入，指导孩子应该怎么做。其实，父母必须知道，一些孩子在十三岁之前，是没有办法自动累积解决问题的能力，所以父母必须把握十三岁之前的时机，用心帮孩子培养这种能力。

二、对孩子抱持不切实际的高度期望

上文中提到，有些父母对孩子设定的标准过高，无形中会影响孩子感受成功与失败。如果父母对孩子抱持过高的期望，也会影响孩子的问题解决力与决策力。妮亚的故事就是典型的案例，她的父母总是期待她能用超出她能力的方法解决问题。

在进入卖场之前，妮亚的父母告诉她，如果价钱便宜的话，就给她买一样她喜欢的东西。但是，由于她与父母对"便宜"的想法不一样，最后她还是免不了一场哭闹。儿童心理医生建议，父母应该尽量让妮亚有更多选择，借此强化她的受挫力，同时避免双方发生冲突。

几天后，妈妈对医生表示他的建议没有奏效。就以穿衣服为例。妈妈说，每天早上她都因为妮亚不知道该穿什么而感到烦躁，最后她干脆替妮亚做决定。为了这件事，她们母女俩每天早上相互吼叫、翻旧账。

后来她听了医生的建议，让妮亚自己决定要穿什么衣服。她挑出八套衣服放在妮亚床上让妮亚自己做选择。妮亚一开始显得有点惊讶，然后便开始一下要这套、一下又要那套。这种

举动令她抓狂，最后她又像先前那样，直接替女儿做决定。显然，让妮亚拥有选择权是没有用的。

医生说："妮亚属于磨人型的孩子，一般而言，给这种类型的孩子太多选择，反而会让他们感到不知所措。如果只给妮亚两种或三种选择，她会比较容易做决定。"

听完医生的说明后，妮亚妈妈调整了做法。她帮女儿准备了两套衣服，但女儿还是有点不知道如何选择。于是她对女儿说："看来这两套衣服你都很喜欢，所以你很难做选择。不如这样吧，等你决定了今天穿哪一套后，明天就穿另外一套。"

这个方法出乎意料地奏效了。妈妈兴奋地对医生说："我以前都没有想到，一次给太多选择的确超出了女儿的能力范围。真的是活到老，学到老。"

这个案例给我们的启示是：如果孩子在父母的引导下，必须做出超乎能力范围的决定，但孩子其实没有把握解决问题，在这种情况下，父母告诉孩子应该这样做或那样做，在无形中就影响了孩子的自主性。

三、孩子的决定必须符合父母的好恶

大多数父母都表示，希望孩子拥有独立思考能力，解决问题时能够举一反三。但是，当真正让孩子自己做决定时，父母的反应往往是："我希望孩子拥有独立思考能力与决策力，但前提是，孩子的决定必须符合我的主观好恶。"也就是说，只有在符合父母的主观期待下，孩子才能自己做决定。

再次以妮亚的故事为例。

某天，九岁的妮亚跟着妈妈一起去买衣服。

妈妈问："你喜欢红色还是白色？"

妮亚回答："两种颜色都喜欢。"

妈妈问："我们只能买一件。你比较喜欢哪一种颜色？"

妮亚回答："白色。"

接下来，妈妈对妮亚说："白色是不错啦，不过我觉得红色更适合你。"

妮亚立刻大声反驳说："你明明是让我自己选择的，现在又反对我选白色！"

妈妈承认女儿说得一点都没错。虽然妮亚最终选购了白色衣服，但她的好心情已经被破坏了。

为孩子提供做选择或做决定的机会时，不论孩子的选择与决定是什么，父母自己都必须接受。这个道理看似简单且合理，但实际上许多父母仍无法坦然接受孩子的选择，以致最后常常会出现负面结果，这些结果包括孩子觉得受到欺骗、不再轻易相信父母、认为被剥夺自主权以及和父母发生冲突等。

强化孩子问题解决力与决策力的三个法则

问题解决力与决策力是提升孩子受挫力的基础。尤其是问题解决力，越早培养越好，即使是学龄前的孩子，父母也可以开始教导他们学习这项能力。

一、成为孩子的榜样

就许多家庭而言，亲子沟通畅通无阻，孩子能对问题提出自己的看法与解决方法。但是对另外一些家庭来说，亲子互动的方式则是父母独断专行，孩子可以发言的机会微乎其微。

在父母的眼里，十三岁的棠棠越来越叛逆，不但荒废学业、结交坏朋友，而且从不做好分内的家务活。某个星期六下午，当棠棠问父母她是否可以和朋友一起去逛街时，父母态度坚定地拒绝了。

棠棠生气地对父母说："你们总是这不准那也不准的。我只是去逛街，又不是去做坏事，而且和好朋友一起闲逛的感觉很好。为什么不让我去？"

妈妈驳斥道："你还不明白为什么吗？你总是不按时做好功课和分内的家务事，在这种情况下你当然不能出去玩。"

棠棠："我如果把功课和家务事都做完，是不是就可以出去玩了？"

妈妈摇着头说："那也不行。你那些朋友会把你带坏。"

棠棠问："这话是什么意思？"

妈妈说："你记不记得，有一次你跟我们说要到小蜜家温习功课，但其实你和朋友跑去看电影了？"

棠棠哀求道："对于那件事情，我已经向你道过歉了，也保证不会再那样了。你为什么还要拿这个理由来限制我呢？"

妈妈说："你必须下定决心以实际行动来换取我们的信任，并证明你不会受到某些坏朋友的影响。"

棠棠沮丧地说："可是每次你和爸爸意见不一样的时候，你明明知道你是对的，但你还是会接受爸爸的意见。还有，每次你和朋友对事情的看法不一样时，我也没看见你坚持己见。"

妈妈怒斥："不准你这样对我讲话！"

棠棠说："我只是把我看到的说出来而已。"

一开始，这番针锋相对的对话令妈妈感到非常生气，可是接下来几个星期，事实证明棠棠一语道破妈妈的问题。的确，妈妈不但没有试着努力面对冲突并解决分歧，反而默认一切。在问题解决力上，她和丈夫都起了不好的示范作用。

在医生的建议下，妮亚的父母决定，每个星期全家人都必须挤出时间一起讨论家里的各种问题，而且每个成员都可以把自己的问题加入"家庭议题"中。会议的守则是，每个成员都有一次发言机会，其他成员不可以无故打断。会议结束后，全家人要一起努力解决所有问题，在这个过程中若出现不同的意见，就必须彼此让步、妥协，不过父母仍拥有最终决定权。

对于参与家庭会议，棠棠表现得非常积极。爸爸虽然很难放弃指挥者的角色，但也慢慢理解到，全家人一起讨论问题不但无损于他的地位，还可以凝聚全家人的向心力。在这样的氛围下，妈妈也终于不再逃避冲突，勇敢地提出个人意见。而棠棠则因为父母开始愿意聆听，叛逆行为越来越少了。

二、制造机会，让孩子学习做选择

父母如果期望孩子拥有问题解决力与决策力，就应该在日常生活中尽量为孩子制造机会，提供给孩子一些简单又容易做决定的选择。例如，以下便是在日常生活中随处可以制造的好机会。

> "你喝牛奶还是果汁？"
> "你想吃米饭还是吃面？"
> "睡觉前十分钟，你要听故事还是要玩一下玩具？"
> "你想要穿布鞋还是凉鞋？"
> "你想要去游泳还是去公园玩滑梯？"

当然，如果父母能够在这些问题后面，加上"这是你的选择"这句话，效果会更好。强调"选择"，是要让孩子知道，父母肯定孩子自己做决定的能力。诸如这类简单的方法，就可以有效地提升孩子解决问题的能力。

如果孩子对父母所提供的两种选择都不喜欢的话，又该怎么办呢？虽然年纪幼小的孩子通常不会出现这种情形，但一旦出现时，父母可以这样回应："很抱歉，宝贝，就只有两种选择。你自己想清楚，然后让我知道你的选择是什么。"或者，父母可以要求孩子提出第三种选择。如果孩子的提议合理，而父母又可以接受的话，结局就会皆大欢喜。

三、增强孩子解决问题的能力

增强孩子问题解决力与决策力时，必须注意三个重点要素，而且要循序渐进才能效果显著。以下是这三个要素的重点内容。

1. 清楚说明问题，认同问题所在。父母在教导孩子如何解决问题时，如果没有清楚厘清问题，或以错误的方式解释问题，孩子就无法掌握问题的症结，自然也就找不到真正的解决方法。例如，前文中提到的小铭，一到了晚上上床睡觉的时间便大闹脾气。父母错误解读小铭的行为，认为他动不动就使性子，但实际上他是因为常做噩梦而不敢上床睡觉。

如果能掌握问题的症结，并承认某些问题和孩子的天性或能力密不可分，父母就比较能够以同理心的方式，引导孩子妥善解决问题，并大幅提升孩子的问题解决力。

在厘清问题的症结后，父母和孩子都必须承认并接受问题的存在。例如曾在前文中提到的凯莉，她无法与同学相处，但却不觉得自己有这方面的问题，甚至认为所有的问题都是由别人引起的。但是在父母的眼里，他们认为凯莉之所以不受朋友欢迎，是因为她不负责任、动辄怪罪他人的行为。

如果亲子双方对问题的解读不一致，自然也就无法找到有效的解决方法。以凯莉的父母为例，他们应该试着去了解凯莉对问题的想法，并问她在朋友相处以及学业上是否感受到压力。如果她说没有，那么父母便可以说："我们认为这是问题所在，但你却不觉得那是问题。我们乐意解释为什么我们认为它是个问题，因为我们很想知道该怎么做才能帮助你。"

只有建立"问题确实存在"的共识，并厘清问题的性质，亲子双方才可能有效地往下一步前进。

2.评估可行的解决方法及其可能结果。清楚定义问题并达成共识之后，自然就会导向下一个步骤：评估可行的解决之道。

父母可以通过揣摩各种不同的途径，引导孩子进入这个阶段，并鼓励孩子找出解决的方法。这个时候，不论孩子的想法有多么不切实际或天马行空，父母都必须切记，绝对不要立刻驳斥孩子的想法，除非孩子的看法直接违反规则时，才能毫无商量地加以否定。

例如，当与九岁的孩子讨论就寝时间，孩子想要把上床睡觉的时间定在十一点时，你可以坚定地说："我们知道你想要晚一点睡，可是这样一来，第二天你就会来不及吃早餐和准备上学。我们认为，你应该在九点或九点半上床睡觉。你想要九点还是九点半呢？"这样不但对孩子有所约束，也让孩子有选择的空间。当父母为孩子预留选择空间时，孩子就会更愿意妥协。

以凯莉为例。过去她总认为，朋友不喜欢她并不是她的问题，但经过父母的解释后，她承认她在与朋友相处上确实存在问题。

某天放学回家后，凯莉闷闷不乐地告诉妈妈，班上有个同学取笑她，说她人缘很差、没人喜欢她。

这件事情让妈妈有机会和女儿谈一谈。她对凯莉表示："我能理解你的沮丧与挫败，但是我觉得你对待朋友的方式确实很不妥当。你常常打断朋友的谈话，不但纠正他们的说法，还指导他们怎么做事。"

凯莉想要辩解，但想了想，她终于说："我也许经常打断别人谈话，偶尔也喜欢指导别人怎么做事。"

妈妈被凯莉坦然承认的态度吓了一大跳，但妈妈也趁机要求凯莉想出几个解决方法，并且预想这些方法可能带来的结果。

凯莉提出了两个解决方法。第一，不要随便发言。可是这与她平时的行为差别太大了，可能会让她的朋友感到气氛怪异，反而不知道该如何与她相处；第二，开口说话前先默数到十，并在默数时思考该不该发言。

妈妈很惊讶凯莉竟然能够提出如此成熟的方法，这样的进步着实令人惊讶。

隔天，凯莉放学回家后，兴奋地表示："虽然偶尔还是会忘记默数，但是这个方法真的很有效，同学对我的态度变得不一样了。"

3. 预设可能存在的阻碍，并做好备用方案。 当几个预估的解决方法都无法奏效时，又该怎么办呢？

如前所述，彻底执行计划是很重要的步骤，但是也不要忽略了，在计划成功之前难免会遇到一些阻碍。当然，有些父母会质疑，为什么要预设可能的阻碍呢？这样会不会容易被解读成计划失败？

然而，这样做确实存在着极大的好处，也有其必要性。想想看，如果亲子双方能预先厘清潜在的问题与阻碍，就能够事先做好准备，一旦问题或阻碍发生时，便能立刻加以处理或启动备用方案。

人们经常会忽略或低估"预测可能存在的阻碍"的重要性和价值。更清楚的意思就是，纸上谈兵和实际行动之间，通常存在极大的差异。很多时候，当亲子双方试着落实各种自己预想的解决方法，但没有收到期待的效果时，往往会感到挫败，也就没有意愿去尝试其他方法了。但如果事前预设可能的阻碍，并认识到解决问题不是只有一种方法，亲子双方就会对解决问题抱有希望，同时也强化了"从错误中学习"的观念。

学习掌握"生命的自觉"

父母应该尽量通过日常生活中经常出现的问题和挑战，对孩子进行教育，让孩子学习并培养问题解决力与决策力。当孩子能够自己找出问题的症结、反省自己，并主动解决问题或参与解决问题的过程，理解努力未必能得到期待的结果，预先设定几个备案时，孩子实际上就已经充分展现了受挫力。

这些能力有助于培养孩子掌握生命的自觉。当孩子自认有能力处理问题，并从中得到学习机会和经验时，所培养出来的受挫力足以让孩子有效运用内在资源，迎接一切挑战，不会轻易被日常生活中的问题难倒。在这样的过程中，孩子学习掌握"生命的自觉"，并成为自己命运的主宰。

09

第九章

培养孩子受挫力的
管教方式

为了管教折磨人又令人烦躁的六岁儿子，妈妈几乎翻遍了各种家教书籍，也参加过无数的相关座谈会。妈妈悲伤地表示，对于管教孩子一事，她就像只无头苍蝇一样盲目乱闯，没有方向和目标。她觉得自己就快疯了。她想要培养孩子的受挫力，但现在她自己都快要忍受不了这个挫败感了。

有些专家建议她使用"暂停"技巧，如果孩子想要跑出去，就锁住他的房门。但另一些专家却指控"暂停"技巧根本是在虐待孩子。

她在某些家教书中读到，只要父母在心智健康而且没有情绪失控的前提下，是可以打孩子的。但是又有人对她说，打孩子会造成孩子一辈子的心理阴影。更何况，谁又能判定父母是否失控呢？

一谈到培养孩子的受挫力，令父母感到困扰的问题无非就是管教，它同时也是亲子关系紧张的根源。本章将从培养受挫力的角度来讨论如何实施有效管教。当管教方式是以培养孩子的受挫力为目标时，父母就能对管教功能有更深的了解，并采用实际有效的管教方法。

管教的任务之一：执行纪律

执行纪律是教养工作重要的任务之一。执行的方法有两种：打击或提升孩子的自尊心与受挫力。只是，父母是否真的知道想要通过该管教来教导孩子什么？

"管教"具有两个主要功能：一是给孩子提供稳定、安全的环境，让孩子学到合理规范、限制等，同时了解规范的缘由；二是培养孩子的自律能力，也就是自制力。

自律是指孩子将各种规范牢记在心并确实遵守，即使父母不在身边指导与监督，孩子也会三思而后行。自律是自主与自我负责的重要元素。父母若以此为教养孩子的目标，便能发展出管教孩子的方法，并在安全的环境中强化孩子的自制力，而不是让孩子又怨又气。

"自律"是管教的重要目标，而"同理心"则是有效且重要的管教技巧。管教孩子时，父母必须懂得以同理心为基础，欣赏孩子的独特气质与天性，并运用各种沟通技巧来修正亲子关系的负面脚本，以期强化孩子的责任感，同时提升孩子的问题解决力与决策力。

在管教孩子的过程中，父母势必会面对无数的不确定性。就像本书诸多案例中所提到的，一些父母习惯为孩子设下许多规定，虽然他们的出发点都是为了孩子好，可是最后的结果不但没有帮助孩子学习，还引发孩子的愤怒情绪，严重伤害孩子的自尊心，降低孩子的受挫力，家庭气氛与亲子关系也变得更紧张。

在父母的眼里，八岁的阿莫是一个个性叛逆又爱挑衅的孩子，与优秀的姐姐小欣完全不一样。他不知变通、不愿妥协，而且永远都不满足，总是认为别人对他不公平或都不配合他。

爸爸一直以来都坚决反对打孩子，但现在他不得不承认，"打"是唯一能让阿莫听话的方法，只是它的效果短暂，很快，阿莫便故态复萌。

一谈到阿莫的行为，妈妈立刻情绪激动地指出，她真的拿阿莫没办法。每天晚上叫阿莫去睡觉，他就用各种借口推托，说他不累，会睡不着；要求他整理房间，他就把所有东西都塞到床底下，然后毫不在乎地说他的房间很干净；早餐时，准备了麦片和三明治让他选择，他却说妈妈没有帮他准备他最喜欢的汉堡。

爸爸也忍不住抱怨阿莫爱说谎。爸爸说，阿莫曾经当着他们的面打他的姐姐小欣，因为阿莫觉得姐姐想打他，但是姐姐根本就没有招惹他。爸爸痛斥阿莫老爱说谎，并处罚阿莫在自己的房间反省，没想到阿莫竟然对爸爸大吼"你不可以命令我"。爸爸气得将阿莫痛揍一顿，然后命令阿莫回房间。

许多父母都忍不住要问：究竟该如何改善管教方式？除了打骂、命令孩子回房间反省、剥夺孩子喜欢的活动之外，是不是还有更理想的管教方式，可以激励孩子好好地回应父母，而不是挑战父母的权威？下文中，我们将先描述有效管教的各种障碍，协助父母提升孩子的自律能力及受挫力。

破坏管教的七个障碍

父母对"教养"的主观看法会影响父母与孩子互动的方式。有些主观看法甚至会妨碍父母培养孩子的受挫力。因此，父母应反思自己的主观看法是否阻碍了有效管教的实现。

一、适合父母的脚本，就一定适合孩子

许多父母都会沿用自己在成长过程中所接受的管教方式。如果这些方法是有效的，并能培养孩子的受挫力，当然鼓励继续采用这些方法。不幸的是，许多父母虽然发现这些方法毫无效果，却仍不知不觉地重复使用，而且还信誓旦旦地说："我讨厌我父母对我的管教方式，我绝对不会那样管教我的孩子。"

其实，适用于父母的管教脚本，未必适合孩子。要摆脱自己小时候所接受的教育方式，真的没有想象中那么容易。

二、迫切式与惩罚式管教

大多数的父母对于管教的问题和看法，大都不离"迫切式"或"惩罚式"。以下是比较具有代表性的问题与观点。

● 我家大宝欺负二宝时，我们该怎么处理比较好呢？

● 孩子粗鲁无礼，我可以打他吗？因为这似乎是唯一可以让他听话的办法。

● 不论我们怎么叮咛，读幼儿园的儿子总是会在大马路上横冲直撞。我们的处罚方式是剥夺儿子看电视的时间，但不知道这样做到底好不好。

● 我十岁的女儿非常爱顶撞我。每次她顶撞我时，我便取消她最喜欢的周末活动——陪我去逛商场。有一次，她连续四个周末都不能去商场，没想到她竟然说，反正商场也没什么好逛的，还说我是一个苛刻的坏妈妈。

这些父母的担心都很常见且合理。当管教问题变得迫切时，

父母的立场往往会由主动反应变成被动反应，由循循善诱变成打骂、惩罚。因为在迫切的情况下，父母的管教方式大都是冲动的、自然反射性的，脑海里只想着要如何立刻解决眼前的问题，以致无法冷静地思考以下几个重要问题："我该如何防患于未然？孩子能够从我的管教方式中学习到一些东西吗？我的管教方法会让孩子产生怨恨和愤怒吗？"

以前文中所提到的小铭为例。他的父母向来对他采取严厉管教的方式，为了让他乖乖地上床睡觉，他的父母甚至采取打骂的方式。小铭的父母并没有询问小铭不肯上床睡觉的原因，而是认定他就是故意作对、推三阻四，并坚持要改变他这种不当的态度。

你也是会用惩罚的方式教导孩子的父母吗？你对孩子的处罚常常是因为"一时冲动"吗？如果有任何一个答案是肯定的，那就表示必须改变你的管教方式了。身为父母，你应该要牢记，处罚只是一种管教手段，而且是效果很差的手段，因为它只教孩子"不该做"哪些事，而不是"该做"哪些事。迫切式和惩罚式的管教方法，通常都会降低管教效果，因为父母多半处于愤怒和烦躁的情绪中。

三、刻薄、贬损式管教

在管教孩子时，父母有时难免会对孩子发脾气。但遗憾的是，其中有些父母管教孩子的方式，无论在言辞或动作上，都很严苛。这些父母因为受到自己成长过程的影响，错误地认为：让孩子感到害怕，孩子才能学好、做好。

然而，当父母以愤怒、责骂或体罚来管教孩子时，孩子所学的与记住的，就只有"处罚"的举动，而非"处罚"的原因。这样的管教方式无法培养孩子的受挫力，因为孩子不能体会到父母无条件的爱，无法从中学习问题解决力与决策力，更无法从错误中学习。孩子学到的是：比自己强大的人只要不喜欢自己的所作所为，就可以使用体罚来逼自己屈服，而不是想办法解决问题。

有些父母偏爱使用体罚的方式管教孩子，因为他们认为那是约束孩子行为快速有效的方法。但是多项研究显示，越常遭到体罚的孩子越对他人具有攻击性，同时这些孩子的挫折忍受力也比一般的孩子低。

在父母的眼里，汉元动不动就挑衅、发怒，拒绝帮忙做家务。尤其严重的是，每当他玩输游戏或不会做功课时，就立刻火冒三丈。父母对这些问题感到很忧心，尝试了所有可能的方法，但都无法改变儿子的行为，最后父母只好用体罚来约束儿子的行为。

爸爸认为，孩子做错事情时，体罚并没有什么不对，因为每次打完后，汉元会立刻停止无理取闹的行为，乖乖听话。爸爸说："我无法想象，如果不打的话，不知道这孩子会变成什么样子。"

妈妈表示："我不知道体罚是不是有效，但我担心体罚只会让汉元变得更愤怒，因为每次被打后，他脸上的表情是既害怕又愤怒。"

爸爸回应："他就更应该学会守规矩啊，那样他就不会挨打了。我宁愿他害怕、生气，也不愿意看到他目中无人。更何况，我父亲以前也是这样管教我的，我现在也很好啊！"

　　为什么一些父母会对"打"的效果有这种错误的认知？的确，孩子被打后，通常就会立刻停止无理取闹的行为，但那只不过是暂时的顺从罢了。许多父母不明白，只要他们一踏出孩子的房间后，孩子便立刻故态复萌。许多认为"打就有效"的父母表示，如果孩子被打之后还是不听话，就得挨更多棍子。只是这些父母都忽略了，打得越多，就引起越多愤怒。

　　每个孩子都不一样。有些孩子也许会从挨打中学到教训，但可能也会因此产生副作用，例如愤怒；还有许多孩子则完全无法从挨打中学会任何东西。如果父母长期习惯对孩子体罚，而孩子却依然故我，那么父母就该自问：孩子是不是在学习上有障碍？体罚真的是约束孩子行为的好方法吗？

　　某次，爸爸打了汉元后，又重提往事，说："我也是这样长大的，这样没什么不好。"

　　汉元鼓起勇气反驳道："可是爷爷说你每次被打后，都会很生气，还会对爷爷说你恨他。我现在也非常非常生气！"

　　爸爸顿时哑口无言，因为儿子的说法一针见血，只是自己从来没有从这个角度好好想过管教方法的适当性。回想自己成长过程中被打的经历，爸爸在内心里不得不承认："虽然知道父亲的出发点是为了我好，但是我依然非常生气，最后就开始对父亲阳奉阴违。即使到了现在，每次我和父亲见面，几乎都会立刻发生争执。"

　　爸爸的心里一时之间涌上许多想法和感受。他想："就像当年我对我父亲的感觉一样。汉元一定也会嫌我对他过度严厉、唠叨、毫无耐心，也从来没有过好脾气。老实说，我的这套管教方式虽然能得到立竿见影的效果，但最终得到的结果其实是负面的。我想我应该寻找更有效的解决方法。"

在接下来几天，父母和汉元一起重新审视那些僵硬的规定，同时也请汉元检讨自己过去是否遵守规定。汉元的父母知道，对汉元的规定越多，他就越反抗，因此汉元的父母决定放宽某些规定，例如早上整理床铺的工作，并且请汉元把时间与精力集中在重要的事情上。在改用更正面的管教方式后，他们终于见到汉元的行为有了明显的改善。

四、前后矛盾与武断式的管教

所有的父母都应该了解一个重要的道理，就是管教孩子时，对孩子要有明确且合理的期待，而且要前后一致、赏罚分明，如此才能达到理想的效果。但是，要做到这样的程度确实是一大挑战。因为父母只要情绪不好或不断唠叨时，就很难维持前后一致的管教行为。坦白说，没有父母可以永远保持一致的管教行为。

当然，也有许多父母经常会毫无章法地改变规则，而且不遵守规定。例如，父母工作了一天，一身疲劳，回到家后，便莫名地把孩子修理了一顿，但孩子并没有做错任何事情。或者，原本允诺孩子要给他奖赏，却因孩子犯了错，就任性地取消奖赏。又或者，孩子犯同样的错误，但受到的处罚却不同，有时是被禁止看电视，有时却被痛打一顿。

"前后一致"并不表示父母对于规则毫无弹性，而是在仔细考虑实际情况后，适度地调整规则，使它发挥更好的功效。例如，小汉的父母对他说，在经过重新斟酌后，他们可以接受即使他的成绩表现没有达到 A，仍然会让他去做他最喜欢的事情——画画。因为小汉的父母其实已经了解，过高的期望和严厉处罚只会招来反面效果。

五、父母的管教方式不同调

在教养风格上，父母两人不必一定要完全一致。只是，在许多家庭里，父亲和母亲的管教风格确实有着非常大的差异，并且已经严重影响孩子的自律能力及问题解决力。一些父母甚至会当着孩子的面，为不同的管教方法剧烈争执。当这些情况发生时，就等于给了孩子机会。

当夫妻俩因为管教风格差异而在孩子面前争论时，彼此妥协的可能性便会大幅降低。因为"妥协"就会被视为是"输家"，是"放弃自己立场"，更是"没面子"。聪明的父母会选择比较明智的做法，就是把管教分歧留到私下讨论，并达成彼此都可以接受的共识，然后再把结果告知孩子。

即使是离异或分居的父母，也应该要这么做，因为双方已经分道扬镳，更可能各有立场。在这种情形下，孩子容易觉得有机可乘，利用父母一方不在场的时机，借由质疑某项现行的规则，突破在场的父亲或母亲的心防。这时，"就在现场"的父亲或母亲可以对孩子说："你提到的问题很重要，不过，如果没先跟你妈妈（或爸爸）讨论，我就不应该自己做决定。"

六、想要成为孩子眼中的"好父母"

有不少父母在管教孩子的时候，因为担心孩子会气他们、不爱他们，以致无法对孩子制定出合乎实际规范的期待和规则。然而，想要成为孩子眼中"好父母"的心态，正好鼓励孩子利用父母的这种心理弱点，达成自己原本不被认同的目的。

孩子会刻意对父母说出"我不爱你""你根本就不爱我，不然怎么会不让我出去玩""如果你买那个火车玩具给我，我就相信你爱我"等这类通过对父母感情勒索以达成自己心愿的话。

其实，父母若想成为孩子眼中的"好父母"，就必须忍受孩子刻意违背规定的怒气，尤其当这些规定公平合理时。

谈到七岁大的儿子朗朗，父母就忍不住叹气。他们觉得朗朗真的很不成熟，总是希望父母帮他做每件事，诸如穿衣、穿鞋、整理玩具。若是没有依照他的意思，他便又哭又闹，直到需求得到满足为止。

每次朗朗要求父母提供协助时，父母都会告诉他，他应该自己试试看，相信他一定做得到。结果，朗朗总是立刻开始哭闹，然后父母就不知不觉地帮他把所有事情都做好。

规则是培养孩子受挫力的基础。对于朗朗动不动就发脾气的问题，心理科医生给父母的建议是，让朗朗知道不管他怎么哭闹，父母都绝对不会满足他的期待。如果朗朗在商店或餐馆里发脾气的话，父母就把他带回家。

然而，当朗朗的父母开始对儿子变得比较强硬时，却发生了令人感到非常尴尬的状况。

有一天，他们一家在某家商场购物，朗朗要求爸爸给他买一个篮筐，但被爸爸拒绝了，朗朗于是又上演了一出哭闹尖叫的戏码。最后爸爸让步了，给他买了篮筐。

妈妈告诉爸爸不该对儿子让步，应该坚持到底，否则永远都无法改掉儿子为了达到目的动辄哭闹的坏习惯，但是爸爸就是不听。

爸爸当然也知道不该对朗朗妥协，但爸爸实在不忍心看到朗朗失望的神情。再说，爸爸经常出差，有时候一去就是一个星期，去逛商场前几个小时他才结束出差回到家，这使他不忍心对朗朗说不。朗朗原本就很不喜欢爸爸出差，爸爸担心若拒绝朗朗的要求，只怕会加深朗朗对他的不满情绪。

显然，这一家人的问题症结在于，爸爸错误地认为对朗朗设定规则，会使他成为朗朗眼中的"坏爸爸"，并失去朗朗对他的爱。而朗朗则利用爸爸这种矛盾、模棱两可的心态，向爸爸索求。经过医生的分析后，爸爸认清了一件事，朗朗也许在一时之间无法适应各种规范，但爸爸若持续目前的管教方法，只怕会把朗朗教导成一个没有责任感的孩子。

七、为了错误的期待处罚孩子

许多父母在为孩子设定标准时，总是超过孩子的能力所及，而当孩子无法达到标准时，他们就处罚孩子。

然而，为了孩子无力控制的行为而责备或处罚他，这对孩子来说并不公平，也无法教导孩子学会自律。教导孩子自律，就必须对孩子抱持实际的期待。想想看，即使是一般的大人，当被要求完成超出个人能力范围的事情，一旦无法完成就遭到处罚时，他们的心里会有何感受？当然会非常愤怒，并认为至少要有人先告诉他们怎么做吧。

父母对孩子的期待，当然应该要随着孩子能力的增长，适度地调高标准，这才是合理且符合实际的期待。当孩子自认无法达到父母的标准，而父母却不指导孩子，依然一味地强求和处罚孩子，最后的结果就是，引发孩子的愤怒情绪，恐惧失败且怀疑自我能力，自尊心也会跟着受伤。

五个有效管理原则，提升孩子的受挫力

在日常生活中，许多障碍会让有效管教变成无效，更无法强化孩子的受挫力。该怎么做才能提升孩子的受挫力呢？父母可以利用以下五个原则来达成目标。

一、管教的主要目的：强化孩子的自制力与自律能力

在管教孩子的过程中，父母容易因为接踵而来的问题与困扰而模糊了焦点，以致忘记了管教的主要目的是培养孩子的自制力与自律能力。

自制力与自律能力这两项特质，是生命在各个层面得以圆满的基本条件。想要成功培养这两项特质，父母就必须想办法让孩子明白各种限制、方针及后果，同时也要采纳孩子的意见。如此，孩子才能明了设立规则的理由，并认为那些规则是合理的，并非父母独断专行的结果，自然也就乐于遵守。

有效管教的过程，反映了有效解决问题与做决定的原则。在这个过程中，父母必须牢记在心的一个重点是：父母必须和孩子一起讨论现行的管教问题，并让孩子一起思考解决问题的方法，即使是学龄前的孩子，也可以参与解决问题。

以前文中提到的经常被父亲体罚的阿莫为例。

在听取专家的意见后，父母决定让阿莫参与制定规则，并从中挑出两三个比较重要的问题，一起找出问题的原因。他们一起讨论了几个问题，包括打姐姐、上床睡觉的问题，以及房间总是凌乱不堪的问题。"参与"让阿莫不再感到被盘问的压力，使他更愿意听父母的劝导。

当听到父母说他们其实并不想打他、骂他时，阿莫立刻回应："既然这样，那你们为什么还要打我、骂我。你们真的很偏心，就只会打我、骂我，对姐姐就不会。"

父母知道，如果解释姐姐小欣一直以来都很守规矩，一定会惹得阿莫更生气，更坚定地认为父母就是偏爱小欣，因此父母避开姐姐的话题，并说："我们来看看有什么方法可以让我们更加合作无间。"

接下来几个星期，父母和阿莫一起讨论解决问题的方法，借机培养阿莫的自律能力。例如，如果阿莫能做到准时上床睡觉，那么每个周末他都可以和朋友去打棒球；如果阿莫做不到的话，就取消当周去打棒球的机会。其实，父母对这样的解决方式原本并不抱太大的期望，因为他们认为阿莫做不到，但令他们惊讶的是，阿莫真的做到了。显然，让阿莫参与制定规则的过程，确实让他变得更有责任感，也能自觉地遵守规则。

此外，他们还一起写了一张"提醒清单"，并在阿莫的建议下，把清单贴在每间房门上，以便随时自我提醒。

二、主动与孩子互动，防患于未然

有效又不费力的教养方法，就是预防重于治疗。与孩子互动或管教孩子时，父母要保持主动而非被动。当看到孩子的行为有偏差时，父母要主动去了解原因，然后思考方法改变现况，让孩子改变那些有偏差的行为。

如果父母能和孩子约定，每周或每个月有固定的谈话时间，一起讨论家中值得鼓励、赞美的正面事情，以及必须修正的行为（包括父母的行为），相信预防性的管教成效必定能够大幅提高。

每个星期，父母都会和阿莫、小欣一起讨论家里的问题。阿莫很热衷这种聚会，因为他有"满腹牢骚"要发泄。父母在允许阿莫发牢骚之余，也趁机和他讨论亲子之间的摩擦。例如，阿莫对于早餐麦片只能二选一这件事十分不能认同，后来一起讨论出来的结果是：阿莫和父母一起上超市选购其他不同品牌的麦片。至于房间脏乱的问题，在阿莫的提议下，父母在他房里放一个小洗衣篮，如此他就不会再把脏衣服满地丢了。

父母的立场是，只要在没有安全顾虑的情况下，他们会尽量给阿莫更多的选择，如此一来，既可以减少亲子冲突的次数，在一些比较重要的事项上，阿莫也变得更愿意合作。一切都在朝着正面改变。

三、父母应该要密切合作

前文中提到，一旦父母的管教方式不同调，就容易延伸出很多的问题。父母若是常常在孩子面前表达不同的管教理念，导致前后矛盾的期待和目标时，孩子不但无法顺利发展自律能力，还可能利用父母的立场差异来达到自己的目的。

虽然父母不可能也不该是彼此的复制品，更不可能永远立场一致，但仍应该想办法达成共识、确立共同目标，并通过协商与妥协，找到一致的管教方式。即使是已经离异的父母，也该这么做。父母同心协力，受益者一定是孩子。而且，如果父母的步调一致的话，执行起规则来一定会轻松很多。

以朗朗为例。

每次遇到朗朗因为需求得不到满足而哭闹不止的情况时，他的爸爸往往选择让步，并满足他的要求。而妈妈则会选择遵守规则，不去回应儿子的无理要求。

在父母管教不同调的情况下，朗朗很快就找到了满足自己需求的诀窍。也就是说，当妈妈拒绝他想要购买某件物品的要求时，他就会去求爸爸，因为爸爸答应的概率比较高。在他的眼中，妈妈是"吝啬鬼"，而爸爸不是。

医生要朗朗的父母好好想一想：他们最希望教导朗朗什么样的生活习惯和行为模式？目前他们的管教方式是否能达到这样的期待？例如，朗朗是否变得比较有责任感、比较讲理，不再以哭闹的方式满足他自己的需求？

经过反省后，爸爸开始不再轻易答应儿子的无理要求，而妈妈甚至可以容忍儿子说她是"吝啬鬼""我不喜欢你"之类的话。

妈妈和朗朗互动时，能够冷静以对了。当朗朗指责她"你干吗对我大吼大叫啊！"时，她不会辩解。改变了原先的负面教养脚本，她只是平静地说："谢谢你告诉我。我想我每次对你大吼大叫时，你一定很难把我的话听进去吧。"朗朗感到很意外，这次妈妈竟然没有对他大吼大叫，无形中他变得愿意冷静听妈妈说些什么。

当然，爸爸和妈妈也达成了共识。下次，如果朗朗又试图挑拨他们时，其中一人就要回答："这件事情非常重要，我必须和你妈妈（爸爸）商量才行。"

四、管教方式要前后一致，处罚要合理

如果父母的管教方式不同调，很容易让孩子有机会从中作梗。有些孩子认为，只要撑得够久，最后父母一定会屈服于他的无理取闹、哭喊尖叫。这就是心理学家所提出的"间歇式加强"的概念。

"间歇式加强"的意思是，如果父母原本一直坚守既定立场与规范，最后却因为孩子的哭闹而放弃原则，对孩子的不当要求让步，那么孩子在尝到甜头之后，必定会认为"会吵的孩子有糖吃"，便会持续表现出有偏差的行为。

前后一致的管教方式，并不等于僵硬或毫无讨论空间的管教方式，而是容许父母做深思熟虑地调整与修正。例如，当孩子进入青春期后，可以适度地放宽就寝时间的限制。不过，当规则需要做调整或修正时，父母应该和孩子一起讨论，借此让

孩子明白改变规则的原因，并鼓励孩子提出意见。

虽然父母必须让孩子明白，什么样的不良行为会产生什么样的后果，但在处罚上则要避免专断、严苛。合理的罚则，是纠正孩子不良行为非常有效的工具。

"自然的罚则"是指有因必有果的概念，也就是孩子言行举止的自然结果，父母无须强制执行，因为结果会紧接着发生在行为之后。父母要做的是，尽量让孩子事先知道规则。如果十五岁的孩子计划在周末的夜晚和朋友出去玩，而家里规定十一点之前一定要回家，父母就该让孩子明确了解违反规定的后果。

在教导孩子规则与罚则的因果概念，培养孩子的受挫力时，父母要把握以下三个重点：

1. 让孩子清楚知道必要的修正动作。

2. 找出纠正问题行为的有效办法。

3. 可以让孩子选择解决问题的方法，不过每种选择都会产生不同的结果，借此强化孩子的自主性与责任感。

有一个十岁男孩，总是把他的自行车放在户外。爸爸经常提醒男孩，户外的风吹雨淋很容易让自行车坏掉，最好把车子放进车库。爸爸甚至以警告的语气对男孩说，把车子照顾好是男孩的责任。但是，男孩一直没有把爸爸的提醒当一回事。结果，一场台风来袭，把自行车吹得几乎解体。

当男孩哀求爸爸为他修理自行车时，爸爸的回答可以代表一种合理的结果。爸爸没有对儿子说"看吧，我早就提醒过你了"之类的话。爸爸告诉儿子，他们可以一起把车子带到修理店，看老板能不能把它修好，不过儿子必须自己付这笔修理费。若是最后自行车无法被修好的话，儿子就得用自己的存款买辆新的。

五、正面回馈是有力的管教方式

一些父母关心的管教方法，似乎都与处罚有关，反而忽略了管教方法中具有重要影响力的要素：正面回馈和鼓励。少了这两项重要元素，培养孩子受挫力的效果就会大打折扣。

在日常的教养中，很多父母经常会忽略或不承认孩子的良好表现，吝啬赞美孩子的正面行为，反而把焦点放在孩子的负面行为上，一味地纠正、斥责孩子，或喋喋不休地告诉孩子该如何改变。

以阿莫的父母为例。在专家建议他们要"强调阿莫的优点"后，亲子之间的互动又有了什么不一样的变化呢？

阿莫的棋艺相当高超，不过每次输棋时他总是指责对方作弊。父母于是请阿莫"指导"他们棋艺。结果，出乎他们意料的是，当他们对阿莫说"爸妈以他为荣"时，阿莫竟然愉快地接受了这番赞美。

阿莫以前那种动不动就发脾气的行为越来越少出现了，而且有时还会自动整理房间。直到这个时候，父母才意识到，他们以前真的时常会不自觉地否定阿莫。现在，父母也知道，他们和阿莫都需要时间改变。

专家告诉阿莫的父母："要留意孩子做对的地方，并让他知道。"就孩子的自尊心而言，适时地正面回馈、鼓励和爱，绝对比送孩子贴纸或奖品更有价值。一个行为有偏差、缺乏被爱和被赏识的孩子，若能适时获得父母的鼓励和支持，偏差行为通常就不会持续下去。尤其是磨人型、索求无度的孩子，比其他孩子更需要正面回馈以及额外的相处时间。

教孩子学会做正向的选择与决定

父母是否扮演好管教的角色，决定孩子受挫力的高低。管教是一种教育过程，目的在于让孩子通过管教学会自律和自制力，而不是动不动就抱怨、发脾气。要达到这个目标，父母可以让孩子参与管教过程，协助孩子了解规则的重要性，慢慢让孩子学会做适当的选择和决定，并越来越能控制自己的行为。

第十章

留给孩子的珍贵资产
——受挫力

每个孩子都需要拥有追求目标的勇气，以帮助自己克服逆境、迈向成功。在这个过程中，不可或缺的就是内在力量与挫折忍受力。孩子需要的不只是大人的支持和照顾，也需要不断地得到大人的肯定和鼓励。孩子需要明确的规范、价值观、切合实际的期望。虽然父母没有达成这些目标的秘方，但却可以为孩子提供机会和环境。

有关孩子受挫力与成功的研究结果显示，具备受挫力的孩子，通常是快乐且成功的。这些孩子会通过父母，学习合作、接受教诲、情绪管理、思考问题。

这些研究结果证明，父母积极参与管教并对孩子付出关爱，是培养孩子特长与受挫力的必要条件。这不仅适用于面临艰巨挑战的孩子（如磨人型孩子），也适用其他孩子。如果父母与师长能够亲切且有条理地调教孩子，必能培养孩子的受挫力，带领孩子走上康庄大道。

不论父母对孩子、孩子的未来有多么担心，都要保持乐观的心态。培养孩子的受挫力是非常重要的教养职责，因为只有当孩子拥有受挫力时，他才能累积心性资产，确保未来的成功。受挫力是父母给孩子的珍贵礼物，也是留给下一代的宝贵资产之一。